河北省社会科学基金项目："十四五"时期高校阅
建设研究（HB21TQ004）。

# 全民阅读视域下高校阅读推广理论与实践研究

高玉洁　王景文　著

北京工业大学出版社

图书在版编目（CIP）数据

全民阅读视域下高校阅读推广理论与实践研究 / 高玉洁，王景文著． — 北京：北京工业大学出版社，2022.12

ISBN 978-7-5639-8578-4

Ⅰ．①全… Ⅱ．①高… ②王… Ⅲ．①院校图书馆－读书活动－研究 Ⅳ．① G252.17

中国国家版本馆 CIP 数据核字（2023）第 011023 号

## 全民阅读视域下高校阅读推广理论与实践研究
QUANMIN YUEDU SHIYU XIA GAOXIAO YUEDU TUIGUANG LILUN YU SHIJIAN YANJIU

著　　者：高玉洁　王景文
责任编辑：邓梅菡
封面设计：知更壹点
出版发行：北京工业大学出版社
　　　　　（北京市朝阳区平乐园 100 号　邮编：100124）
　　　　　010-67391722（传真）　　bgdcbs@sina.com
经销单位：全国各地新华书店
承印单位：河北赛文印刷有限公司
开　　本：710 毫米 ×1000 毫米　1/16
印　　张：11.75
字　　数：235 千字
版　　次：2022 年 12 月第 1 版
印　　次：2022 年 12 月第 1 次印刷
标准书号：ISBN 978-7-5639-8578-4
定　　价：72.00 元

版权所有　　翻印必究

（如发现印装质量问题，请寄本社发行部调换 010-67391106）

# 作者简介

高玉洁，女，1983年5月生，大学本科，管理学硕士，副研究馆员。主持省级社科基金项目及市厅级项目5项。以第一作者的身份在图书馆类刊物发表学术论文10余篇。主编《"双一流"背景下高校图书馆阅读推广服务研究》等著作。主要研究方向为阅读推广、阅读疗法。

王景文，男，1970年1月生，大学本科，医学硕士，研究馆员，硕士研究生导师。主持国家级社科基金项目1项，省级社科基金项目、市厅级项目10余项。发表学术论文50余篇。主编《阅读疗法基地建设研究》等著作10余部。主要研究方向为阅读推广、阅读疗法。现任中国图书馆学会阅读推广委员会阅读与心理健康专业组副主任、唐山市心理卫生协会阅读疗法专业委员会副主任。

# 前　言

阅读关系到个人素质、民族精神境界等，是既微观又宏观的问题，也是推动国家文化软实力发展及社会内涵式进步的基础路径。全民阅读推广是党和国家在提高国民整体素养方面的具有战略意义的文化导向。全民阅读推广事业是一项系统工程，需要社会各界全力、持续、用心地组织开展形式多样、内容丰富、卓有成效的阅读推广活动。高等学校拥有独特的人员、资源和设施优势，面对思想活跃、阅读素养高、个性化需求强的师生读者，有责任发挥自身优势开展阅读推广活动满足师生读者的阅读需求，以便充分发挥学校文献信息中心的功能，营造浓郁的阅读氛围，构建书香校园。同时，随着中国社会进入新时代，社会的主要矛盾已经转换为人民日益增长的对美好生活的需求和不平衡不充分的发展之间的矛盾。高校图书馆作为社会文化信息中心，有义务联合校内外其他部门和机构，整合校内外各种资源，面向社会读者开展阅读推广活动，满足社会大众信息素养教育和知识汲取欲望，引领社会阅读风气，构建书香社会。本书聚焦全民阅读视域下高校阅读推广理论与实践问题展开研究。

本书共八章。第一章为全民阅读理念，论述了全民阅读的内涵、特征和价值，并对全民阅读现象进行了分析；第二章为阅读推广的科学解读，内容包括阅读、推广和阅读推广的理论解读；第三章为阅读推广的理论研究，主要内容为理论的起源、理论的进化和理论的升华；第四章为全民阅读视域下高校阅读疗法相关研究，介绍了阅读疗法基础理论、阅读疗法宣传推广和阅读疗法在大学生团体辅导中的应用；第五章为全民阅读视域下高校图书馆阅读推广活动，详细阐述了高校图书馆阅读推广主体作用的发挥、高校图书馆阅读推广活动的重要前提、高校图书馆阅读推广内容和高校图书馆阅读推广策划；第六章为全民阅读视域下高校阅读推广实践，主要内容为基于阅读共同体的高校阅读模式构建、实践初探、"五位一体"大学生阅读体系建设；第七章为全民阅读视域下高校阅读推广效果评估，内容包括高校阅读推广评估方法概述、阅读推广用户满意度分析和阅读推广活动评价；第八章为高校阅读推广理论与实践发展新趋势，论述内容为高校图书馆阅读推广活动主体个体化、高校图书馆阅读推广活动品牌化、高校图书馆社会化阅读推广和高校图书馆新媒体阅读推广。

  在撰写本书的过程中，作者得到了许多专家学者的帮助和指导，参考了大量的学术文献，在此表示真诚的感谢。由于作者水平有限，书中难免会有疏漏之处，希望广大同行及时指正。

高玉洁

2022 年 6 月

# 目　录

第一章　全民阅读理念 ……………………………………………………… 1
　　第一节　全民阅读的内涵、特征和价值 ………………………………… 1
　　第二节　全民阅读现象 …………………………………………………… 8

第二章　阅读推广的科学解读 ……………………………………………… 10
　　第一节　阅读 ……………………………………………………………… 10
　　第二节　推广 ……………………………………………………………… 23
　　第三节　阅读推广 ………………………………………………………… 29

第三章　阅读推广的理论研究 ……………………………………………… 37
　　第一节　理论的起源：阅读共同体形成论 ……………………………… 37
　　第二节　理论的进化：阅读共同体的内涵和特征 ……………………… 42
　　第三节　理论的升华：阅读共同体完整论述 …………………………… 47

第四章　全民阅读视域下高校阅读疗法相关研究 ………………………… 56
　　第一节　阅读疗法基础理论 ……………………………………………… 56
　　第二节　阅读疗法宣传推广 ……………………………………………… 63
　　第三节　阅读疗法在大学生团体辅导中的应用 ………………………… 71

第五章　全民阅读视域下高校图书馆阅读推广活动 ……………………… 77
　　第一节　高校图书馆阅读推广主体作用的发挥 ………………………… 77
　　第二节　高校图书馆阅读推广活动的重要前提 ………………………… 83
　　第三节　高校图书馆阅读推广内容 ……………………………………… 89
　　第四节　高校图书馆阅读推广策划 ……………………………………… 105

## 第六章　全民阅读视域下高校阅读推广实践 ………………………… 113
### 第一节　基于阅读共同体的高校阅读模式构建 ……………… 113
### 第二节　实践初探：高校经典阅读工程建设 ………………… 116
### 第三节　"五位一体"大学生阅读体系建设 ………………… 121

## 第七章　全民阅读视域下高校阅读推广效果评估 ……………………… 125
### 第一节　高校阅读推广评估方法概述 ………………………… 125
### 第二节　阅读推广用户满意度分析 …………………………… 140
### 第三节　阅读推广活动评价 …………………………………… 147

## 第八章　高校阅读推广理论与实践发展新趋势 ………………………… 149
### 第一节　高校图书馆阅读推广活动主体个体化 ……………… 149
### 第二节　高校图书馆阅读推广活动品牌化 …………………… 158
### 第三节　高校图书馆社会化阅读推广 ………………………… 163
### 第四节　高校图书馆新媒体阅读推广 ………………………… 172

## 参考文献 ………………………………………………………………… 17

# 第一章 全民阅读理念

现阶段，国家政府越来越重视全民阅读问题，倡导全民阅读能够发挥丰厚的文化资源优势，营造出"多读书、读好书、好读书"的良好社会文化氛围，有利于发挥阅读的引领作用。本章主要内容为全民阅读理念解析，分别论述了全民阅读的内涵、特征和价值以及全民阅读现象。

## 第一节 全民阅读的内涵、特征和价值

阅读是一种从书面语言和其他书面符号获得意义的社会行为、实践活动和心理过程。当今，阅读主要有两个途径，一是传统的纸媒阅读，二是基于电子媒介的数字阅读。"全民阅读"的概念被提出后，近十年频繁被各类媒体引用，成为与阅读相关的新闻出版、公共文化服务等领域的关键词。

全民阅读一词是在20世纪末由联合国教科文组织提出的。1945年联合国教科文组织成立后，就将阅读作为一项工程向全世界推广。他们认为阅读是人类文化传承、传播与创新的基础性工作。20世纪70年代，该组织通过对多国特别是亚非拉地区的图书出版和阅读情况进行调研，提出"人人有书看"的口号。1995年，联合国教科文组织确定将每年的4月23日定为"世界图书日"。20世纪90年代末，该组织正式发起"全民阅读"项目，并将其推广到世界大多数国家。这项阅读措施卓有成效，此后数年，越来越多的国家意识到全民阅读的重要性，并以此为目标，根据本国具体情况制订了各种策略进行阅读推广。全民阅读理念的推广是一场前所未有的"阅读革命"，有着不同于过去的理念、目的和价值。

### 一、全民阅读的内涵和特征

2014年的《政府工作报告》提出：文化是民族的血脉。我们要培育和践行社会主义核心价值观，加强公民道德和精神文明建设。继续深化文化体制改革，

完善文化经济政策，增强文化整体实力和竞争力；要促进基本公共文化服务标准化、均等化，发展文化艺术、新闻出版、广播电影电视、档案等事业，繁荣发展哲学社会科学，倡导全民阅读；要提升文化产业发展水平，培育和规范文化市场；要传承和弘扬优秀传统文化，重视保护文物；要加快文化走出去，发展文化贸易，加强国际传播能力建设，提升国家文化软实力。

在我国，全民阅读被界定为在政府主导下的全社会普遍参与的活动。将阅读内容、阅读资源、阅读设施和阅读服务在全国各地区进行全民覆盖，保障每位公民都享受阅读权。全民阅读推广的目的是使我国公民养成良好的阅读习惯。通过对优质阅读内容的推广，实现公民的现代化；通过阅读使民族文化实现传承、发展与创新，最终实现文化发展和经济发展齐头并进。

在这里，笔者更愿意将"全民阅读"的内容理解为对严肃文学及经典文学的阅读。当今社会中随处可见群众阅读的身影，在一些公共场合，如地铁、火车站、咖啡馆等，并不难看到人们手拿电子产品阅读的身影。对于"全民阅读"，笔者是这样理解的，我们平时常见的多是以电子产品为媒介的阅读，它是一种浅阅读和碎片化的阅读，而《政府工作报告》里提倡的阅读是将传统的经典书籍作为"全面阅读"的主要内容，是一种更深层次的文化学习，跟前面提到的电子阅读是完全不同的两种阅读概念。"全面阅读"的倡议不仅及时且具有深远意义。社会成员需要心灵的滋养，而传统的严肃阅读能够满足人们的精神需求，拯救心灵，从而提高国民整体文化素养和道德素养。

每个公民都具有的阅读权，是《中华人民共和国宪法》（以下简称"《宪法》"）赋予公民的"受教育权"等权利的延伸。《宪法》是我国一切法律的根本，拥有最高的法律效力。它也需要其他法律的补充和丰富。对阅读立法最重要的意义是用法律保护公民接受阅读的权利，即公民的"阅读权"。我国的《宪法》中，并没有对"阅读权"进行界定。但阅读指向的是公民精神与公民素质，而与这些密切相关的"受教育权"与"信息权"等，在《宪法》第十九条、二十二条、二十三条、四十六条都有相关规定。如第十九条规定："国家发展社会主义的教育事业，提高全国人民的科学文化水平"，第二十二条规定："国家发展为人民服务、为社会主义服务的文学艺术事业、新闻广播电视事业、出版发行事业、图书馆博物馆文化馆和其他文化事业，开展群众性的文化活动"，第四十六条规定："中华人民共和国公民有受教育的权利和义务""国家培养青年、少年、儿童在品德、智力、体质等方面全面发展"。众所周知，教育是多维立体的，学校教育仅仅是一个方面，阅读、环境、舆论等其他方式同样是公民"受教育权"的具体表现。因此,阅读立法也是《宪法》"受教育权"等权利的延伸。

阅读虽然是一种个人行为,但从社会角度来看,阅读是公民的基本权利之一。对此,《世界人权宣言》《经济、社会及文化权利国际公约》《儿童权利公约》等国际文本均有阐述。联合国教科文组织于1985年通过《学习权宣言》,认为"学习权作为人权之最基本要项,应与生命、财产、自由等基本人权列为同等重要"。阅读权是公民文化权利的一部分,本质上讲也是公民应该享受的学习的权利。因而,国家有义务为公民提供阅读机会和条件,并应该从制度和法律上保证公民的阅读权。阅读立法是保护公民阅读权利行之有效的方法。我国政府一直在努力保证公民的阅读权,为了和国际接轨,签署了联合国《经济、社会和文化权利国际公约》,并得到了第九届全国人大常委会的批准。自此,"文化权利"成为我国公民的基本人权之一。

到了21世纪,随着我国文化产业的繁荣,文化权利(包括文化享有权、文化参与权、文化成果等)开始在我国受到各界的关注和重视。社会多元文化权利意识的形成,促使政府开始关注自身的文化职责,并将公民文化权利实现程度作为一项政府绩效考核指标。公民文化权利日趋受到重视,促进了我国文化事业的繁荣,也促进了公众文化需求的形成。在这样的社会文化背景下,全面阅读得到了政府和社会各界的大力支持。以深圳为例,2000年深圳市政府创立了深圳读书月,以营造书香社会、实现市民文化权利为宗旨,希望通过阅读来提升市民素质,建设学习型社会。每年举办的数百项文化活动,成功吸引了千余万市民参与到活动中来。深圳读书月已经成功实现了全民阅读,将阅读融入市民生活。

在现代社会中,民族文化需要传承、创新与发展,这就要求国民整体阅读能力的提高。全民阅读愿景的实现,是公共文化服务的基础性功能,同时也是各级政府义不容辞的责任。从各国全民阅读多年来的推广政策及实践来看,全民阅读具有以下几个重要特征。

## (一)以政府主导为核心,积极倡导多方共同参与

全民阅读的推广工作是艰巨而复杂的。首先,全民阅读覆盖范围非常广,涉及不同民族、不同年龄段、不同文化层次的各类人群;其次,因为每个人阅读习惯和偏好的不同,很难通过推荐满足大众的阅读需求。这样的形势对政府推广全民阅读的工作提出了更高的要求。

从各国的立法目的实现机制可以看出,全民阅读并不只是对公民提出阅读要

求，而是要实现以政府为主体，政府主导推动全民阅读活动的展开。这就要求政府相关部门增强自身服务意识，提高自身服务能力。同时，做好社会组织之间的协调工作，积极组织协调出版部门、图书馆、大众传媒组织等参与到全民阅读推广工作中来。

### （二）以促进阅读为目标，营造良好的社会阅读氛围

个体阅读能力的高低，决定着个人综合能力和对社会的贡献；国民总体阅读能力的高低，体现了这个国家的文化软实力。当今社会，因为电子媒体及其他消遣活动的普及，传统的书籍阅读越来越难以推广。轻视纸质书籍已经成为社会通病，并且有越来越严重的趋向。因此，促进全民阅读、在全社会营造良好的阅读氛围成为迫切要做的事情。促进全民阅读，需要通过政策的完善和法规规范政府相关部门的监督，促使政府为公众阅读做好硬件设施建设和软件保障体系，以此来督促公民良好阅读习惯的养成。

### （三）以惠及全民为范围，重点保障未成年人及其他特殊群体

人类想要学习知识、改变自己的人生际遇，阅读是重要的途径之一。全民阅读的推广重点在于提供使公民能够实现终身学习的基础设计，并惠及每一位国民，特别是要重点关注未成年人群及其他特殊群体。从国外经验来看，无论是联合国还是东西方文化发达国家，全面阅读政策都特别强调了对这两个群体的关注。先进的经验需要借鉴，我们需要特别保障青少年儿童和残疾人群体、老年人群体、犯罪群体等的阅读权利，根据这些人群的特殊需求，制订不同的阅读服务政策，开展特别的活动保证他们的阅读权利。

### （四）以兼容并包为理念，促进阅读优质内容和引导数字阅读活动

促进全民阅读，一方面要积极传播我国优秀传统文化及原创精品文学，另一方面也要积极推广国外优秀文化，做到"百花齐放""兼容并包"。兼容并包的前提是，要选择适合群众特别是青少年群体阅读的健康的积极的优秀作品，摒弃低俗的荼毒人类思想的图书作品。

随着科技的发展，数字化阅读开始走入大众的生活，并逐渐成为阅读的主要方式。这是由数字化阅读自身的优点决定的。首先，数字化阅读的载体手机等电子设备携带更加方便；其次，数字化阅读本身具有检索方便、形式丰富的优点，受到广大读者特别是年轻群体的青睐，但是它本身也存在着阅读碎片化和浅显化

的缺点。所以，我们要用辩证的态度看待数字化阅读，不能完全排斥也不能全盘接受，而是要做好引导，尤其是引导青少年群体正确处理好传统阅读和数字阅读的关系。

## 二、全民阅读的价值

全民阅读对于个人、社会和民族都有非常重要的价值。

### （一）阅读提升个人素养

阅读可以使我们增长知识，提高个人修养，提高思维能力。当今社会，随着科技的发展，信息成为人类社会中不可缺少的资源要素。人们一般可以通过亲身实践，如观察、听取、考察等来获取信息资源，除此之外，阅读依旧是获取信息资源最快速最有效的方式。阅读，是信息社会的基石。2000年公布的国际成人阅读能力调查报告指出："学历高低固然会影响就业机会，但是当学历相当时，阅读能力强的人担任高技能白领工作的概率就明显高得多，而且阅读能力比学历高低更能准确预测一个人在职业生涯中的发展。"[1] 这充分说明了阅读的重要作用，一个人阅读频率和阅读能力的高低决定了他未来的职业发展。

知识按获取方式可分为两种，一种是直接知识，另一种是间接知识。在信息传播不发达的社会，知识的主要获取方式是自身的积累，直接知识所占的比重较大。而在科技飞速发展的今天，信息传播更便捷，知识以前所未有的速度更新着，间接知识毫无疑问地成为主要的获取方式。央视百家讲坛主讲人、河南大学教授王立群认为："获取知识，亲身实践固然重要，但阅读是主渠道。"[2] 书籍，是人类知识、智慧的宝库。"据专家预测，一个人才的知识建构，从直接经验中获得的不足20%，而通过阅读得到的间接经验却在80%以上。阅读在获取和扩展人类知识上的作用，是阅读价值的根本所在。"[3] 间接获取知识，毫无疑问，阅读是一个主要的途径。在现代社会中，阅读的价值是无可替代的，阅读为人们终身学习提供了可能。

在人类的精神生活中，阅读是一个很重要的方式，它将人类的精神文明成果不断地传承下来。而下一代也通过阅读浓缩在文本中的知识丰盈自己的内心世界，又将这些知识信息在时代的基础上推陈出新，以文本的形式记录下来，赋予下一代。

---

[1] 齐若兰.哪国学生最会读书？[J].教师博览，2003（6）：20-21.
[2] 王立群.全民阅读与文化传承[J].中国出版，2008（5）：14-15.
[3] 曾祥芹，韩雪屏.阅读学原理[M].郑州：大象出版社，1992：299.

## （二）阅读促进社会发展

阅读是推动社会发展的重要途径。首先，社会的发展包括文化的传承、政治文明的提升、社会的和谐程度等。无论哪种类型社会的发展都离不开理性思维的推动，而理性思维就是靠大量的阅读和思考养成的。其次，对于科学技术的发展而言，新的科学技术的传播需要以语言文字为载体，新的科研成果、学术著作，也需要以文字报告的形式展示给外界。所以，阅读和理解能力是科学技术传播的前提和基础。原国家新闻出版总署署长柳斌杰曾指出："只有通过广泛的阅读，才能在继承前人经验和了解最新科学技术资料的基础上有所创造、有所前进。只有'站在巨人的肩膀上'，才能够以更加高远的立意，找到改革和创新的途径，掌握改革和创新的能力或技术，解放和发展生产力。发展经济的关键是生产力，而作为生产力的人必须是有知识有能力的人。这就决定了阅读直接关系到生产力的发展水平和人的素质的高低。"[①] 我们可以这么认为，一个国家科技普及水平及科学创新能力的高低，在一定程度上依赖于公民的阅读能力。阅读能力影响着一个国家的生产力水平，因此，阅读是促进社会进步最好的办法。

社会和谐首先是自我的和谐。人的满足感首先来自精神世界的满足，虚空的精神世界很容易导致个人乃至社会的道德危机。满足人类的精神需求，阅读尤其是经典阅读的价值是无可取代的。"在读书的时候哲人的思想涤荡着我们的灵魂，在知识和智慧的指引下，我们更容易识别美与丑、善与恶，我们的生命也因此一次又一次向前展拓。读书，使我们的心灵变得辽阔而宽广，坚韧而顽强，也使我们获得一个温煦宁静的内心世界，以对抗外部世界的喧哗与浮躁。"[②]

政治文明包括政治意识文明、政治制度文明和政治行为文明3个组成部分，是由这3个部分组成的有机整体。[③] 政治文明的3个部分都与阅读有着紧密联系。通过阅读宪法和其他法律法规，公民可以了解什么是民主政治；可以深入理解平等、人权、自由、民主所体现的政治内涵和价值；可以更充分地了解我国政治文明的发展历程。通过阅读，我们还可以借鉴他国文明，促进我国政治文明的发展。通过阅读，人民群众加深了对我国政治制度的了解，可以提高其参政议政的能力。总之，公民阅读到的政治信息越多，其知识越丰富，政治素质也就越高。

---

① 柳斌杰.推动全民阅读　共建和谐文化［J］.中国出版，2007（5）：17-19.
② 王余光.让阅读成为我们生活的一部分［J］.中国图书馆学报，2006（5）：17-19.
③ 虞崇胜.政治文明论［M］.武汉：武汉大学出版社，2003：123.

### （三）阅读奠基民族未来

"一个民族的整体文化素养是通过无数个体个性化的阅读、思考和智慧逐步积累而成的，学会阅读、思考、批判，是一个民族文化自信心与创造力的重要源泉。"[①]阅读能力的高低直接影响到一个国家和民族的未来。据说，犹太人有一种有趣的风俗从古代一直保持到今天，"在许多犹太人家里，当小孩稍微懂事时，大人就会翻开一本《圣经》，滴一点蜂蜜在上面，然后叫小孩子去舔。这种做法的用意不言而喻：书本是甜的。"[②]犹太民族也因此被世人称作"书的民族"。阅读可以提高公民素质，特别是中国这样一个人口大国，目前正处于向人口强国迈进的阶段，全民阅读是一种最便捷而有效的方式。只有在全社会范围内形成良好的阅读氛围，才能较快地提高国民素质，提升国民精神境界，这也是中华民族实现伟大复兴的动力和源泉。许多科学研究表明，人们最终发现阅读作为一项技能，越早启蒙效果越好。"美国心理学家推孟（Terman）在天才发生学的研究成果中指出：有44%的天才男童和46%的天才女童，是在5岁以前开始阅读的。所以对孩子来说，阅读是一种全方位、多维度的智力体操，它能使孩子的头脑逐渐变得灵活敏捷，并进一步促进孩子心智的全面成长。"[③]2001年初，布什政府发布了《不让一个孩子掉队》（*No Child Left Behind Act*）的教育改革议案，其中指出，美国存在两个民族："一个能阅读，另一个不能。""在这个时代，国与国之间在经济力、政治力、军事力、文化力等方面的角逐和较量，最终将取决于你的国民在多大程度上把阅读作为自己基本生活方式的一部分。"[④]

自20世纪70年代末，我国就开始重视国民的阅读问题。《读书》杂志率先提出"读书无禁区"的口号。当时民众被压抑的阅读机会得到释放，因为读书热情高涨，但是却因为经典文本印刷品数量不足阻碍了社会上的读书风潮发展。如今我们有许多读书的渠道，但不少国民却不再有阅读的热情。这是因为，有些公民受当今社会实用主义价值取向的影响，认为读书无用。我们现在提倡"全民阅读"，正好可以在全社会打造良好的阅读生态，扭转社会风气，全民阅读正当时，千万不要等到精神的污染到了不可收拾的地步才重视。

---

[①] 余小茅.书香中国畅想曲[J].教育研究，2012，33（1）：134-137.
[②] 肖宪，张宝昆.教育立足的民族和国家：犹太人和以色列[M].昆明：云南大学出版社，2005：16.
[③] 怀特海智慧教育研究中心课题编委会.阅读是最好的教育[M].北京：石油工业出版社，2009：9.
[④] 骆小婷.让阅读成风成趣，迎接学习型社会的到来[J].图书馆工作与研究，2004（4）：80-82.

## 第二节　全民阅读现象

### 一、关于纸本书籍的低阅读率

随着社会科技水平的提高，传统的纸质图书早已不能满足读者的阅读需求。科技发展使得新兴媒体不断涌现，使阅读的方式和途径更加便捷，科技带来人们阅读方式的改变，新兴媒体吸引了越来越多的阅读群体。值得注意的是，即便社会阅读出现了阅读方式上的分流，但人们对阅读的总体需求是不变甚至上升的。虽然，数字化阅读呈逐渐上升的趋势，但我们也应该看到纸质书籍阅读的优势，结合社会环境的变化，客观地、全面地分析纸质阅读率低的原因，以寻求解决办法。

### 二、关于数字阅读的快速发展

信息技术的发展带来网络的普及，网络文学迅猛发展，人们的阅读方式发生了很大变化，这些变化的表现之一就是阅读载体的多元化。除去纸质阅读，人们可以选择的阅读方式越来越多，如手机端阅读、电脑端阅读等，开始逐渐替代传统的纸媒阅读。阅读逐渐从单一的纸质出版物向数字阅读的多元化方向发展。传统的手捧一本书，边读边做笔记的阅读方式越来越少。不管是图书，还是报纸，它们的销售量都在下降。

### 三、关于功利性阅读和浅阅读

为解决当下工作学习中的问题而带着某种目的去阅读，就是所谓功利性阅读。这种被动式的阅读，强迫性地提高了个体阅读的数量，但阅读的质量却不能一概而论。生活节奏加快的今天，这种短期内为达到某种目的而进行的阅读有一定的优势，它能在短期内给读者带来一定收获，提升个体某一方面的素养，效果确实优于非功利阅读。同样的，在当今快速发展的社会，人们如果想要在最短的时间内获取最多的信息，浅阅读也是一种非常好的方式。它可以帮助人们快速获取到信息，虽然浅阅读有理解浅显的缺点，但确实可以在广度上拓展知识面，有利于扩展人的视野和今后对信息进行深度理解。

当今时代，功利性阅读和浅阅读的流行，是符合社会实际需求的，它是阅读行为在新环境下的解构和重组。这两种阅读方式和传统的经典阅读可以是一种并存的关系。但是，我们也要看到两者的缺点，那就是它们都不利于培养阅读兴趣。读者不能通过阅读仔细研究内容，而是看重快速、实用、轻松、浅显，就很难从中体会到阅读的快乐。从长远来说，这样的阅读方式是无益的。

# 第二章　阅读推广的科学解读

近几年来，我国阅读推广发展迅猛，已发展成一股强劲的社会潮流、一项社会事业。本章的主要内容为阅读推广的科学解读，从3个方面进行了详细介绍，分别为阅读的基本概述、推广学理论解读和阅读推广理论解读。

## 第一节　阅读

### 一、什么是阅读

什么是阅读？这是一个既简单又复杂的概念。说它简单，是因为在社会生活中阅读现象非常常见，阅读就像人们吃饭、喝水一样自然。例如，我们要出行就会看公交车站牌；在手机上随时可以查阅新闻报道；乘坐电梯的时候不自觉地会被电梯广告吸引。这些都是阅读的不同方式。说它复杂，是因为每个人阅读的情况大不相同。作为复杂的心理过程，阅读的能力、方式与习惯更是因人而异。就像有人说话得体，有人则词不达意；有人听话能听出弦外之音，有人就连基本的语意也会理解错误。那么，究竟什么是阅读？我们又该如何理解人类的阅读行为？让我们先来看看文献中一些代表性的观点：《中国大百科全书·教育卷》中指出，阅读是一种从书面语言中获得意义的心理过程。杨治良在《简明心理学辞典》中对阅读做出了阐述，他认为阅读是指个体从印刷文字、图画、图解、图表等书面材料中获取信息或意义的过程。个体在阅读时，通过把文字等符号的视觉信息与头脑中已有的知识经验不断进行比较、预测、判断、推理和整合，从而理解文字等符号所表达的意义。胡继武在《现代阅读学》一书中指出，阅读是从信息符号中获取意义的一种复杂的智力活动。刘勰在《文心雕龙》中强调，"缀文者情动而辞发，观文者披文以入情"。

以上定义大致可以分为"过程说"与"活动说"两大类。"阅读过程说"与

"阅读活动说"大体相同，却又稍有出入。"活动"是有一定目的的行动，由目的、动机和动作构成；"过程"则是指事物发展所经过的程序或阶段。两者又是相通的，任何一项活动都有一个发生、发展的过程。因此，王余光和徐雁在主编《中国读书大辞典》时，对"阅读"做了如下界定：阅读是一种从书面语言和其他书面符号中获得意义的社会行为、实践活动和心理过程。意思是说，阅读首先是一种社会性的行为，它是一种特殊的社会交际方式。它是通过4个要素作者、文本、读者、世界环环相扣，来完成一个作者和世界书面交际的过程。无疑，此阅读概念综合了"活动说"与"过程说"的要义，并进行了拓展延伸，将"阅读"作为一种社会现象而不仅仅是一个单独的个体行为来看待，显然更具全面性，也得到了业内学者的认可，但随着知识经济与信息社会的到来，人类阅读的文本发生了巨大的变化，阅读的概念也变得更为宽泛。胡继武在《现代阅读学》中指出，阅读是从信息符号中获取意义的一种复杂的智力活动，显然更符合当前实际。

## 二、阅读的内涵

内涵，是指一个概念所反映的事物的本质属性的总和，包括"作者、文本、读者、世界"这4个阅读要素。我们可以从阅读的客体、主体和过程3个方面来认识阅读的本质。

### （一）阅读客体

阅读客体又称阅读对象，有广义和狭义之分。广义的阅读对象包括自然和人类社会的一切。鲁迅将"社会"看成读物，提出要留心世事，用自己的眼睛去读世间这部活书。陶行知将"活书"阐释为活的知识之宝库，并举例说，"花草是活书，树木是活书，飞禽走兽微生物都是活书。山川湖海，风云雨雷，天体运行都是活书。活的人，活的问题，活的文化，活的武功，活的世界，活的宇宙，活的变化，都是活的知识之宝库，便都是活的书。"[1] 人们也常常将这样的"活书"称为"无字书"，以便与书籍、报纸杂志这样的"有字书"相对应。加拿大著名的小说家阿尔维托·曼古埃尔（Alberto Manguel）在《阅读史》一书中对人类的阅读行为做了形象生动的描述："阅读书页上的字母只是它（指阅读）的诸多面相之一。天文学家阅读一张不复存在的星星图；日本的建筑师阅读准备盖房子的土地，以保护它免受邪恶势力侵袭；动物学家阅读森林中动物的臭迹；玩纸牌者阅读伙伴的手势，以打出获胜之牌；舞者阅读编舞者的记号法，而观众则阅读舞

---

[1] 陶行知. 陶行知文集[M]. 南京：江苏人民出版社，1981：323.

者在舞台上的动作；织者阅读一张待编织地毯的错综复杂的设计图；弹奏管风琴的乐手阅读谱上编成管弦乐的各种同时性的串串音符；双亲阅读婴孩的表情，以察觉喜悦或惊骇或好奇的信息；中国的算命者阅读古代龟壳上的标记；情人在晚上盲目地在被窝底下阅读爱人的身体；精神科医生帮助病人阅读他们自己饱受困扰的梦；夏威夷渔夫将手插入海中以阅读海流；农民阅读天空的天气；这一切阅读都和书本的读者共享辨读与翻译符号的技巧。"[①] 广义的阅读对象包括人类目之所及的一切事物。

狭义的阅读对象是一种精神产品，这种精神产品既不同于自然事物和自然现象那种"自然客体"，也不同于社会存在和社会关系那种"社会客体"，亦不同于社会思潮和个人心态那种"主观的精神客体"，而是一种"客观的精神客体"，一种"可供传播的精神外化物"[②]。曾祥芹根据马克思的"对象的主体占有性"理论对此概念继续补充说明：没有和读者建立阅读关系的潜在读物，还不能称其为阅读对象；只有与读者建立了阅读关系，并已被读者认识和把握了的读物，才可称其为现实的阅读对象。内容的思想观念性、形式的语言符号性和物质载体性，以及阅读主体的占有性是读物的 4 种基本属性，只有四者兼备，才能构成阅读对象的本质特征。[③] 此观点似乎有点将阅读对象过于窄化了。朱永新在引用此概念时便做了适当的修改："狭义的阅读对象，是一种精神产品，比如，书本、报纸、杂志等。这种精神产品既不同于自然事物和自然现象那种'自然客体'，也不同于社会存在和社会关系那种'社会客体'，而是一种'可供传播精神的外化物'。"[④] 事实上，根据"对象"一词在《现代汉语词典》中的释义"行动或思考时作为目标的人或事物"，可见作为"对象"的人或事物并不一定要处在行为发生的过程中，尚处于思考中的人或事物亦可称其为对象。因此，我们认为，不如将"阅读主体的占有性"这条忽略，将狭义的阅读对象定义为一种以书面语言为主体符号的、固化在物质载体内的作者的精神产品，即通常意义上的"文本"，比较符合人们的认知习惯。

由于阅读对象有广义和狭义之分，便有了广义与狭义的"阅读"概念，不同的阅读方法和途径和不一样的阅读效果，最终形成了人们或开阔或狭隘的阅读视野。

---

[①] 阿尔维托·曼古埃尔.阅读史[M].吴昌杰，译.北京：商务印书馆，2002：6-7.
[②] 曾祥芹，韩雪屏.阅读学原理[M].郑州：大象出版社，2002：22-28.
[③] 曾祥芹，韩雪屏.阅读学原理[M].郑州：大象出版社，2002：2.
[④] 朱永新.我的阅读观[M].北京：中国人民大学出版社，2012：2.

## （二）阅读主体

王余光、徐雁认为，阅读主体通常指具体阅读过程中从事阅读活动的人。阅读者是阅读行为的发动者和操作者，而且自始至终地决定着阅读的目的、任务、方式和效果。读物也因而成为认识和把握的对象，并在阅读展开的过程中逐渐获得意义。[1]曾祥芹将阅读主体定义为"与阅读客体发生阅读关系的那一部分阅读者，即在具体阅读过程中从事阅读活动的人，因为读者在阅读过程中始终处在一个积极的主动的地位，所以称为'阅读主体'"。[2]两者都把"阅读主体"进行了严格限定，即只有正处于阅读过程中的人才称得上阅读主体，似乎离开了具体的阅读过程，就是学富五车的科学家也不能称其为阅读主体。这给人一种"钻牛角尖"的感觉。李长喜等在其主编的《中国大学生百科全书》中指出："一个人成为阅读主体应该具有三方面的条件：一是有阅读欲望，二是具备一定的阅读能力，三是从事阅读活动。三者兼备，才是真正意义上的阅读主体。"[3]此观点将阅读主体从牛角尖中解放出来，因为"从事阅读活动"是一种带有职业性的描述，具有长期性，而"具体的阅读过程"是一种行为描述，具有短暂性。所以只要喜欢阅读并做过阅读的所有人都可以称为阅读主体。同时可以看出，并不是每一个人都能成为阅读主体，如不识字的婴幼儿和成年文盲。

由于个体在性格气质、兴趣爱好、知识经验、思维方式等方面的差异，导致阅读主体也是千差万别的。这种差别主要表现在读物选择、阅读效应、阅读能力等方面。人们常说的"一千个读者眼中有一千个哈姆雷特"就是对阅读主体差异性的形象描述。

## （三）阅读过程

如果把阅读看作一个从信息符号中获取意义的过程，那么就可以用美国数学家申农（Shannon）的"信息论"来分析作者、文本、读者、世界四要素及其相互关系。根据申农的通信模式（图2-1）可知，通信过程是一个信源发出信息，经过编码变成信号，通过信道进行传递，再经过译码到达信宿的过程。虽然申农的通信模式及他的整个信息论着眼于工程技术领域，但对传播学的孕育和创立都产生了至关重要的影响。

---

[1] 王余光，徐雁. 中国读书大辞典[M]. 南京：南京大学出版社，1999：341.
[2] 曾祥芹，韩雪屏. 阅读学原理[M]. 郑州：大象出版社，2002：12.
[3] 李长喜. 中国大学生百科全书[M]. 沈阳：辽宁教育出版社，1996：339.

信源 →[信息] 编码 →[信号] 信道 →[信号] 译码 →[信息] 信宿

图 2-1　申农的通信模式

美国著名的传播学家施拉姆（Schramm）就曾效仿申农的通信模式提出了一个传播模式（图 2-2）。

信源 → 编码 → 信号 → 译码 → 目的地

图 2-2　施拉姆的传播模式

受此启发，我们可以将世界、作者、文本、读者四者之间的联系概括如下（图 2-3）：

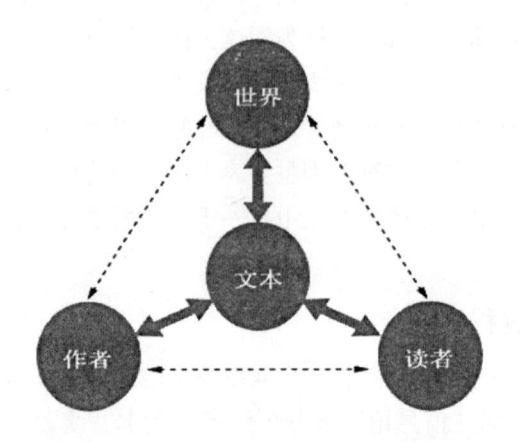

图 2-3　世界、作者、文本、读者联系图

如图 2-3 所示，作者的写作过程就是一个编码过程，作者通过认识世界，将储存在头脑中的信息编码成文字符号，形成文本。读者的阅读过程则是一个译码过程，读者以认识世界为前提，通过阅读文本，将文字符号还原成作者意图传播的信息。所不同的是，在编码过程中，作者是编码行为的发起者和承担者，文本是编码的产品；在译码过程中，读者是译码行为的发起者和承担者，文本是译码的对象。虽然文本是作者和读者交际过程的中介，但这个中介始终处于被动静止

· 14 ·

的状态，作者在读者的译码过程中不会直接发挥作用，他是静止的、远离的、非参与的。读者通过了解世界与文本，间接地和作者对话。作者通过世界与文本，间接地影响读者。世界作为一个显性的存在，它通过影响作者与读者，而间接地影响文本的创作与文本的解读。所以，在传统的阅读理论中只考虑"作者、文本、读者"的三角关系，而忽视了"世界"这个重要的一极，因而忽视了"作者、文本、世界""读者、文本、世界""作者、世界、读者"这3个同样不可忽视的三角关系。所以，在阅读中，读者的世界观以及对世界的认识是他读懂文本、理解作者的前提。

根据阅读的信息加工理论，读者的阅读过程可分为3个阶段：阅读前期、阅读中期、阅读后期。阅读前期指在还没进入正式阅读之前，读者需要先选择要阅读的材料，并初步粗略地了解材料，这个过程称作选码和识码。阅读中期即阅读进行阶段，此阶段分为两个步骤：一是读者需要理解和阐释文本语言代码的意义，并组织编制新的认知结构，此行为可称作解码和编码（读者对文本意义重新编码）；二是读者对文本表述的对象进行欣赏和评价，此行为可称作赏码和评码。阅读后期即阅读的结束阶段，读者需要把自己从文本中提取的信息进行储存并应用，以实现知识的增值和创新效应，此行为可称作储码和用码。由此可见，读者的阅读过程就是一个读者对信息进行选码、识码、解码、重新编码、赏码、评码、储码、用码的过程，分别对应认知心理学的感知、理解、评价、应用等不同阶段，最终达到知识迁移的目的。

## 三、阅读的外延

所谓外延，是指一个概念所确指的对象的数量或范围，相对于概念的内涵而存在，并与内涵一起构成概念的两个基本逻辑特征。明确概念内涵的逻辑方法是给概念下定义，而明确概念外延的逻辑方法是划分，即根据一定的标准把一个属概念划分成若干种概念。例如：生物可以分为动物、植物、微生物，那么动物、植物与微生物三者合在一起便构成了"生物"这个概念的外延。

照此方法，要想明确"阅读"的外延，首先必须选择合适的标准给"阅读"划分类型。朱永新在《我的阅读观》一书中对阅读类型进行了如下划分[①]：

（1）根据读者的阅读目的，可以把阅读分为功利性阅读和非功利性阅读。

（2）根据阅读内容的经典性，可以把阅读分为一般阅读和经典阅读。

（3）根据信息载体的不同，可以把阅读分为电子阅读和文本阅读。

---

① 朱永新.我的阅读观[M].北京：中国人民大学出版社，2012：9-17.

（4）根据阅读过程中参与的人数，可以把阅读分为个别阅读和共同阅读。

（5）根据阅读过程中思维参与的程度，可以把阅读分为浅层阅读和深层阅读。

如此，阅读的外延图示如下（图2-4）：

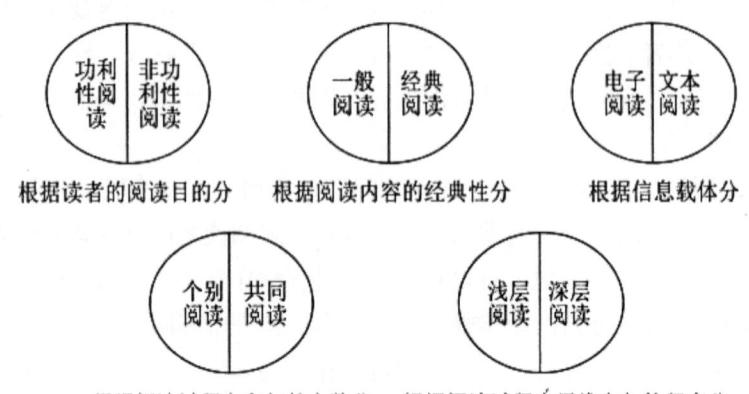

图 2-4 阅读的外延

以上对阅读类型的划分属于二分法，即将一个属概念划分为矛盾关系的两个概念，其优点在于使思维简洁明快，把注意力集中于主要对象上。其缺点是母项的外延比较模糊。

一般来说，概念越具体，越容易指出其外延；概念越抽象，越难辨别其外延。事实上，要想把一个概念的全部外延揭示出来，有时是不可能的，有时却是不必要的。这也是许多阅读文学著作中只谈"阅读"的内涵而很少涉及其外延的原因。

## 四、阅读的目的

阅读的目的是指从事阅读活动所期望达到的目标，由阅读主体在阅读活动前设定，会因人的需求不同而不同。

美国心理学家马斯洛（Maslow）将人的需要由低到高分为生理需要、安全需要、社会需要、自尊需要和自我实现需要5个层次。生理需要是人最原始、最基本的需要，包括衣、食、住、行等方面的需要；当生理需要满足后，人就希望得到安全保障，产生安全需要；当人处在安全的环境中，很自然地就会萌发对社交、归属、友谊、情感和爱的渴求即社会需要，并进一步对名誉、地位、成就、利益产生欲望，希望得到社会的承认和尊重，实现个人的理想和抱负，即尊重的需要和自我实现的需要。显然，人的阅读需要应该是在社会需要、自尊需要和自我实现需要3个层次上发生的。

在个人的一般需要里，已经客观地存在着认识的需要（求知、求善、求真）、审美的需要（求美和娱乐）、交往的需要（沟通和交流）、评价的需要（欣赏和评价）。与此相对应，一般人们阅读的目的大体可以分为4类：求知目的、审美目的、交往目的和评价目的。

### （一）阅读的求知目的

子曰："我非生而知之者，好古，敏以求之者也。"被后人奉为"至圣先师"的圣贤——孔子，否认自己是"生下来什么都懂"的人。他也是因为爱好读古籍，并勤于学习求知，最终才会有伟大的成就。胡适先生曾这样回答"为什么读书"这个问题："因为书是过去已经知道的智识学问和经验的一种记录，我们读书便是要接受这人类的遗产……以此为基础，可以继续发扬光大，更在这基础之上建立更高深更伟大的智识。"[1]阅读就是学习前人知识并发扬光大。"知识就是力量"，人类进步的基础就是不断学习掌握已有知识，然后在此基础上寻找新知识，开拓新领域，才会有人类文明和科技的进步。而阅读，就是实现求知目的最根本的方法，甚至会伴随我们到老。

### （二）阅读的审美目的

马克思指出：社会的进步就是人类对美的追求的结晶。所谓"爱美之心，人皆有之"。美是一种客观存在，爱美并不等于懂美，更不等于能够正确审美。那么，什么是审美呢？《现代汉语词典》将"审美"释义为"领会事物或艺术品的美"。如何"领会"？这就涉及美的标准、美的判断、审的主体、审的对象等一系列美学理论问题。因此，美学上的审美是指人们根据一定的美学理论，通过自己的感官去感受、评价美的事物或现象的复杂的心理活动，具有直观性、情感性、愉悦性和差异性，带有明显的主观色彩。同时，审美又是人类认识世界、改造世界不可缺少的一种独特的思想情感方式，对人的全面和谐发展、事业的成功和生活的幸福都有着重要的影响。所以，人都有审美需求。正是在这个意义上，人类需要文学。因为文学是情感的，文学作品以情感人。文学阅读以文学作品为对象，目的主要是从中获得美感信息和审美愉悦。比起其他学科的书籍，人们在阅读文学作品时其审美需求更容易得到满足。这便是图书馆文学类书籍馆藏外借量永远排在第一位的主要原因，也是人们从事阅读活动的第二大目的。

---

[1] 胡适.读书与治学[M].北京：生活·读书·新知三联书店，1999：14.

### （三）阅读的交往目的

交往，即互相来往。德国社会学家哈贝马斯（Habermas）认为，交往是两个有语言和行为能力的主体进行的对话。在人类的所有行为中，"交往"行为是最合理的行为。交往需要是人的一种社会需要，在黄鸣奋的"个人需要划分表"中，交互性需要也是个人需要的一个重要类型。事实上，人是群居的动物，每个人都是在"社会"中存在的，没有谁能够脱离群体而单独存在。因此，阅读的交往目的是指阅读作为一种社会交往行为，读者期望通过阅读了解作者本人、通过阅读了解文本以及文本中的文本、通过阅读了解世界和社会、通过阅读了解自己以及阅读的读者的现象。

我们知道，世界、作者、文本和读者组成一个密不可分的交往网络。作者和读者是世界中的人，作者创作的文本反映着世界，读者在文本的阅读中遇见作者，并触摸世界。这四个因素相互关联，以作者与读者各自在现实中的交往为基础，形成了一个循环的交往系统。阅读的交往目的首先表现在读者与作者的交往层面。文本是媒介，阅读过程是读者主动与作者交往的过程。读者通过阅读窥探作者的精神世界，通过与作者的交往认识世界。其次表现在读者与文本的交往。读者在阅读时，最直接的交往对象就是文本。一些文学作品中，作者在创作之初就有意留下"悬念"，引导读者自己去"补充"，文本本身就包含了作者与读者交流的动机；另外，文本本身并不只是作者的个人思想，还包含了作者借鉴的他人的文本思想与营养，那么读者在阅读该文本时，也是与它背后的其他文本的沟通。在论文写作中的"引用"便是这种印记的具体表征。读者阅读文本时自然也连带着与文本中的文本进行了交往。再次，读者通过阅读了解世界，展开社会交往。一般认为，"作品总得有一个直接或间接地导源于现实事物的主题——总会涉及、表现、反映某种客观状态或者与此相关联的东西……便可以认为是由人物和行动、思想和情感、物质和事件或者超越感觉的本质构成"。[①]即世界构成了文本的一维，文本表现的世界是作者在现实的交往中看到的世界，而且，不同文化背景下的作家在创作时表现的世界也是不一样的。因此不同读者在阅读时窥探的世界也就不同。在这样的传达与接受中，便实现了人与人、人与世界交往的目的。世界作为一个背景，起着沟通作者与读者、读者与读者、读者与世界的桥梁作用。最后，读者通过阅读了解自己以及同时阅读的其他读者。当读者的认知语境与作者的认知语境趋于一致时，就产生了认知语境的重叠，即"共鸣"，共鸣越多、越强烈，

---

① M.H.艾布拉姆斯.镜与灯：浪漫主义文论及批评传统[M].郦稚牛，译.北京：北京大学出版社，2004：14.

读者通过阅读了解自己就越全面和深刻，与作者的交往效果也就越好；阅读也让读者与其他读者进行交往，当两个以上的读者在阅读同一个文本时，文本中呈现的形式与内容，使不同的读者在感悟中实现了交往，特别是当多个读者在同一时空中阅读同一文本时，阅读的这种交往效应不可低估。这便是共同阅读成为当下的时尚和潮流的一个主要原因。

### （四）阅读的评价目的

"评价"一词在《现代汉语词典》中的解释是"评定价值高低"。评价活动在日常生活中随处可见。从一般的意义来看，人的视觉系统对外部事物进行扫描和接受时，本身就带有评价和取舍。这些评价和取舍既是人们面对外部世界的态度，也是体现人们与外部世界的关系的一个重要因素，更是人的精神主体得以社会化和对象化的基本形式和方式。虽然这种评价和取舍会因个体的不同而具有不同的标准和内容，但它作为人的心理活动的一种特殊现象，必然成为人的个性需要的一个有机组成部分。在黄鸣奋的个人需要划分表中，评价需要属于成就性需要中的交互性需要，是人的个性需要的最高层次。在马斯洛的需要层次理论中，评价需要应该属于人的自我实现需要。换句话说，人作为社会人，既是社会权利的享有者，也是社会义务的承担者。人的任何社会实践行为，都必须估计或预见他人可能产生的反应或者自己应该给予对方的回报，于是便产生了交互性需要。这一需要是双向的，它既要求他者的反应和评价，也是对他者的反应和评价。

对于阅读者来说，阅读对象既有表实性，又有表义性。两者分别体现了阅读者和阅读对象之间的认识关系和价值关系。一方面，任何一种阅读活动都无法回避文本（尤其是文学作品）中的世界对阅读者的诱惑和冲击，也都无法回避对文本中的世界的感受和认同，当然要具有对文本世界的某种利害判断，甚至这种判断会常常走出文本而进入现实世界。另一方面，一般意义上的阅读行为的发生，常常依从于一定的阅读评价要求，这一评价要求有时来自现实的个人阅读的好恶选择，这种选择既有被动的感触和反应，又有主动的审视和评价。因而有学者将阅读主体的评价能力（指选择文献的能力）视为阅读能力的基础。对于研究性阅读来说，阅读过程更多的是一个分析、判断的过程，阅读评价因而也成为阅读者的一种必需的态度与重要的目的。

总的来说，阅读活动的发生，既有着鲜明的现实目的，又有着复杂的心理动机；既有着功利性的个人目的，又有着审美性的社会需求；既因人们求知的目的而体现阅读特有的认识价值，也因情感的愉悦和心灵的净化而表现文本的审美功能,同时还使阅读在对象化的过程中还原着人的自我和本质。上述阅读目的在实际阅读中并不是独立存在的,而是相互联系、相互作用的,共同决定和影响着人们在阅读活动中的取向与感受以及收获和评价。

## 五、阅读的意义

阅读的功能决定了阅读的意义。阅读的特点影响着阅读功能的发挥。不论何种阅读,都具有共同的功能特征:主体建构性、文化增殖性、再创造性以及解读差异性。

所谓"阅读意义",指的是阅读主体对被阅读的客体对象满足主体需要大小的一种评价。一般来说,满足需求愈大、愈充分,意义就愈大。但意义的评价还具有某种主观性特点,尽管被阅读的对象并不具有太大的客观价值,却会得到阅读者的高度评价。

朱永新对于阅读的意义和价值有这样几个基本观点[①]:一个人的精神发育史就是他的阅读史;一个民族的精神境界取决于这个民族的阅读水平;一个没有阅读的学校永远不可能有真正的教育;一个书香充盈的城市必然是一个美丽的城市;共读共写共同生活。作为推动"全民阅读"成为国家战略的一个有力倡导者,朱先生的这五句话可谓家喻户晓。概括起来,阅读的重要意义无外乎两个方面:个体意义与社会意义。

### (一)阅读满足发展的个体意义

我国民间流传着这样一句话:万般皆下品,唯有读书高。阅读的个体意义可以从个体成长与家族昌盛两个层面来分析。

1. 阅读是使个体精神成长的唯一途径

众所周知,人的成长过程是从自然人向社会人转变的过程。自然人的成长只要不断地吃进食物,这是人类的本能,与动物没有任何区别。个人即使不做出任何主观的努力,生命也会自然生长,这是人的物质成长过程。只是单纯这样长成的一个"自然成人"是不能适应人类世界的生活的,也是不被人类社会所接纳的。狼孩、熊孩的故事就充分说明了这一点,他们充其量只是"人形动物"而已。

个体只有成为社会的一部分,才算是真正意义上的人。个体的社会化是一个过程,首先要学习社会通用的知识和技能,并通过实践获得社会经验,再在社会环境中通过不断的选择和构建,形成被社会中其他成员认可的"心理-行为"模式,

---

① 朱永新.我的阅读观[M].北京:中国人民大学出版社,2012:1-10.

才能成为一名合格的"社会成员",这是人的精神成长过程。这个过程离不开个人的学习和阅读,可以是个体积极主动的学习,如自觉接受一系列正规的学校教育,自觉阅读各种各样的书籍;也可以是无意识的潜移默化的学习,如口耳相传的社会经验,许多从未上过学的人就是用"口耳相传"的阅读方式实现了自己的社会化。正是在此意义上,我们可以说,阅读是实现个体精神成长的唯一途径。

2. 阅读是实现家族持续昌盛的不竭动力

中国自古以来便有"学而优则仕"的传统,民间也流传着"家无读书子,官从何处来"的俗语。可见教育对于家庭具有荫泽后代、荣耀门庭的意义。于是有了孔母督课、孟母三迁的典故。一个欣欣向荣的家族首先必须有学而不厌、孜孜以求的子孙后代。所谓"富不过三代",没有良好的家庭教育、严格的家风家训的家族,即使祖辈因为某种机遇而发家致富,也是不可能长久繁盛的。而阅读作为一种文化传承与知识习得的方式,历来受到所有家庭的重视。人们常说"言教不如身教",在全民阅读的今天,亲子阅读已经被越来越多的家庭接受并付诸实践。

## (二)阅读满足和谐的社会意义

阅读不仅是个体完善自我、增长智慧的重要途径,而且是国家提高国民素质、推动社会进步的有效工具。

1. 阅读是协调社会行为与心理的重要手段

每一个社会都有维护社会秩序、协调人际关系的行为规范。现代社会生产、社会生活等社会实践活动,大都是群体性活动,人只有掌握约定、禁忌、风俗、习惯、规矩、伦理、道德、法律、制度、礼节、价值观、态度、行为模式等社会行为规范,才能正确处理个人与社会、个人与集体以及同事同行之间的关系,才有可能获得个人事业的成功。社会也必须依靠这些行为规范来协调人类的社会实践活动,因而需要对每一个社会公民进行社会化教育,使每一个人都理解行为规范的含义和生效机制,并内化为个体的自觉行为。毫无疑问,倡导阅读是实现这一过程的重要手段。同时,社会中的人是既有个性、又有共性的矛盾统一体。人的共性主要表现为人的民族性、阶级性、国民性和时代性;人的个性是人与人之间的差异。我们既要张扬个性,但也不能缺失共性。只有当人的个性和共性有机融合、协调发展时才称得上是一个和谐的个体,其社会实践活动和行为方式才能符合社会规范。当人的个性和共性发生矛盾时，需要一个协调机制来使个体的心理与行为符合社会规范，这个协调机制就是人类自己创造和制定的各种社会约束，即社会的规章制度。而对这些规章制度的了解和掌握，无一例外，都离不开阅读。和谐的社会不仅要人与人和谐、人与自然和谐，还要人内心和谐。阅读是通往人内心和谐的桥梁，只有每个人都拥有和谐的内心，整个社会才会呈现出一种和谐的生态。

2. 阅读是培育世界观与价值观的重要途径

价值观是指人对世界的基本看法，它受个人所处历史条件、社会地位和教育环境等诸多因素影响。每个人都在各自价值观的引领下，形成不同的价值取向，追寻着各自认为最有价值的东西。尽管现代社会是一个价值多元的社会，可对于一个国家或民族来说，如果没有核心的价值体系与共同的思想基础，这个国家或民族就没有团结力和凝聚力，生活在这个国家的人们就像一盘散沙、一群乌合之众，这个国家或民族就会面临着消亡的危险。而这些共同的思想和价值，就藏在国家和民族自己的文化里。文化需要传承，传承需要教育，教育又离不开阅读。因此，古今中外的阅读学家一致强调"读书立德"的效用。孔子高度重视阅读"六经"的"德治"功能："其为人也，温柔敦厚，《诗》教也；疏通知远，《书》教也；广博易良，《乐》教也；洁静精微，《易》教也；恭俭庄敬，《礼》教也；属辞比事，《春秋》教也。"这些文化经典把我们的祖先紧紧地团结在一起，也是在对这些经典的共同解读中，才逐渐形成了"仁、义、礼、智、信、温、良、恭、俭、让、忠、孝、勇、恭、廉"等共同的价值体系。正是因为阅读才使得书的力量得以传导和发挥。

古语云："古之欲明明德于天下者，先治其国。欲治其国者，先齐其家。欲齐其家者，先修其身。欲修其身者，先正其心。欲正其心者，先诚其意。欲诚其意者，先致其知。致知在格物。"可见，源于《礼记·大学》的八目——格物、致知、诚意、正心、修身、齐家、治国、平天下，其逻辑起点是"格物"，即探究事物的原理。无疑，阅读学习是格物致知的唯一途径，诚意正心、修身齐家是格物致知的个人意义与基础功能，治国、平天下是格物致知的社会理想与派生功能。于是便有了"一家之教化，即朝廷之教化"，有了"家国同构"，有了"为中华之崛起而读书"，有了终身教育之命题，有了学习型社会建设，有了"全民阅读"国家战略。阅读之于经济发展、文化传承、政治文明、社会和谐、民族复兴的重要意义，由此可见一斑。

## 第二节 推广

### 一、什么是推广

从农业发展过程可以看出，推广首先产生于农业领域，技术是推广的首要内容。直到现在，一说起推广，人们首先想到的是农业推广或技术推广，学界关于推广学的研究和成果主要集中在农业领域，对推广的定义、术语和应用也众说纷纭。

19世纪60年代中期，英格兰率先提出"推广"的概念。当时的推广用语的提出起源于牛津大学和剑桥大学发起的"大学推广"系统。1873年，剑桥大学又提出"推广教育"的概念，描述的是当时大学的农业教育活动走出校园，到校外进行实践的教育创新现象。在这之后，"农业推广"一词在美国社会流行。直到20世纪初，美国国会通过了一项关于农业合作推广的法律，在美国农业领域形成了学校教学、科学实验和农业推广三者合一的农业发展新机制，自此"农业推广"一词又有了新的内涵。农业推广的活动多种多样，造就了人们对"推广"一词有许多不同的见解。荷兰学者范登班（Van den Ben）指出：在英国、德国和斯堪的纳维亚地区，"推广"即"咨询"，注重解决特定的具体问题；在美国的传统中，"推广"即"教育"，强调教给人民用扩延信息的方法解决问题；荷兰使用"Voorlichting"这个术语，意思是在人们前面保持着亮光以使他或她能够找到道路；法国使用"Vulgarisation"这个术语，表示推广是一个简化信息的问题，以使"大众"或普通人能够明白。此外，人们因反感从"自上而下"的视角定义推广而产生了许多反术语，如"激励""动员""自我觉悟"等。[①]

各国对推广概念所用的术语不尽相同，这是由于，推广的概念受政治和社会传统的影响。

在保守的传统中，推广只是提供一定的信息，帮助人们在这个范围内做出最合适的选择，被称作"提供信息"的推广。在社会主义社会，推广也叫"解放的推广"，是一种解放劳动人民和提高其道德的手段。

以上两种社会传统中，同时注重将推广用于其他领域的人类发展，如为了提

---

[①] 罗林.推广学：农业发展中的信息系统[M].王德海，朗大禹，译.北京：北京农业大学出版社，1991：40-41.

高与他人的沟通能力、组织管理能力、决策能力、学习能力等,这种类型的推广也叫"造型式推广"或者"人力资源开发"。另外,推广也可用在人类环境发展领域,当推广被用在阻止环境污染、野蛮破坏、危害人类健康行为时,这种为取得公益效益的手段,又叫"劝导性"推广。

因为观察视角有所不同,推广有着不同的定义。不同之下,又有着统一的逻辑,推广本质上是诱导行为的变革。

## 二、推广的特征

上述关于推广的理解和定义是千差万别的,它在不同的时间、社会历史中有着不一样的含义。尽管如此,我们还是可以总结出推广所具有的内涵特征,也就是推广概念中所具有的共同属性:干预性、沟通性、自愿性、公益性、机构部署性。

### (一)干预性

推广活动的本质是对事情的积极干预。我们在推广的定义中就能发现,推广是一种有目的性的活动,强调的是事前的筹划、系统性的设计以及循序渐进的推行,最后达成某种目标。推广过程中的每个环节都体现了人的干预性。"干预"在《现代汉语词典》中的释义是"过问(别人的事)"。推广的干预性往往超越"过问"的层级,充当"推广员"角色的人常常直接参与目标群体的行为变革过程,因为推广员本身就是一种以执行干预为目的的职业。事实上,医生、教师、推销员以及其他专业工作者在平常的工作中都部分地扮演着"干预者"的角色。正是由于这个原因,国外的许多大学生都以"农村推广"作为选修课,即使根本不打算成为专职的推广人员,他们也觉得通过沟通进行干预的原则是许多工作所要求的职业技巧之一。

### (二)沟通性

推广以沟通作为其引导变革的手段。沟通贯穿于推广的全过程,是推广、培训和信息传播的基础,是推广工作中的一项重要的、必不可少的活动。早期的推广工作被看成一种简单的干预手段,忽视了沟通在推广中的重要作用,认为推广就像投掷标枪一样,把知识和动力投向目标用户便大功告成。后来发现这种把目标用户当成"靶子"的推广工作,收效甚微。即使目标群体相信自己会从行为变革中获益,可仍然会因为缺乏变革的资源和条件而没有自愿进行行为的改变,沟通的重要性由此被认识。沟通需要相互理解。推广的效果取决于干预团体与目标群体之间互相理解的程度。在推广之前,若能了解受众的期望,倾听他们的意见并加以理解，与他们一起对新的建议进行预试，并注意使用他们已有的知识，让变革行为者（推广员）与目标用户共同解决问题，推广的效果会好很多。

### （三）自愿性

推广只有通过自愿变革才能产生效力。尽管推广的影响力来自策略的运用沟通这一手段，然而在引起人们行为自愿变革方面，这种影响力还是相当有限的，除非有其他途径以权力迫使人们依从。可是我们不能利用推广来强迫人们去做违背自身意愿的事情，推广的逻辑也要求变革行为者必须寻求引导目标用户自愿变革的手段和方式。自愿的行为是不能由命令或指令产生的，它需要利用说服、传递信息和其他沟通形式来引导目标客户在知识、认识、动机、理解或反馈上的改变，让他们相信行为改变是为了他们自身的利益。自愿行为改变的3个条件：一是必须知道怎样做，二是必须想要做，三是必须有能力做。显然，推广在对知识（知道怎样做）和动机（想要做）上的影响比对能力上的影响要大得多。因为人的能力的养成是一个复杂而长期的过程。正因为如此，现实的推广工作常常在改变人的知识和动机方面着力，在改变能力方面望而却步，从而造成推而不广的情况发生。若背离自愿性原则强制推广，即使是好心，往往也会办成坏事。

### （四）公益性

推广面对的是理性的社会人。这就决定了推广不可能只体现推广者的利益，还要充分考虑推广活动所面对的用户的利益，否则就不会获得好的推广效果。这就决定了推广活动具有利他性。无论是农业领域的技术推广，还是其他领域的产品、服务推广，越考虑用户利益，推广的效果越好。对目标用户来说，具有收益外溢的项目必须采用补偿机制才能得到有效推广。如此，在很多国家和地区，推广常常被用来作为一种政策工具。如在保护自然资源、预防公害、保证对于环境资源的适度使用、解放思想、主持公道、防止破坏公物的行为、能源保护、保证更好地使用娱乐设施、保证坚持公共利益的政策、交通安全等方面，推广的目的更加强调公共和集体的利益，而不是某些私人利益，因而具有显著的公益性。

### （五）机构部署性

推广需要钱，它是一项职业活动。不管是专职的推广还是兼职的推广，都需要经费。要想保持推广工作的连续性，其经费开销非个人所能承担。因此，推广工作通常是由某种机构组织开展的，这些机构可以是政府机构、志愿机构、商业公司和会员协会等。例如，在许多国家特别是发展中国家，农业推广服务机构都是国家行政机构的组成部分，推广工作经费和人员大都由政府行政体系安排，常常采用技术、政策、物资三结合的运行机制开展工作；大专院校与科研院所等教育科研机构开展的推广工作，其资金来自教育经费或科研项目经费，通常采用科研、教学、推广三结合的运行机制助力科技成果的转化，即使是在当下的大学教育中，仍然强调生产、教学、科研相结合，面向市场培养人才；企业或公司设置的推广机构以增加企业的经济利益为工作目标，以产品消费者为服务对象，由企业划拨推广经费，一般采用企业、基地、用户三结合的运行机制，以调动企业和用户的生产积极性，达到双赢的目的；会员协会合作形成的自助推广机构以会员为推广对象，以经营、咨询、推广相结合的方式开展资源传递服务。由此，推广的机构部署性便不言而喻。

根据推广的以上属性，我们可以给推广做出如下定义：推广是一种沟通干预活动，它是由机构部署的、职业性的、组织性的活动。推广的目的是推广者通过引导，改变其所认为的公共或集体效用的自愿行为。

## 三、推广的目的

推广是一种经过系统设计的、有计划有程序有目标指导的活动，具有很强的目的性。推广的目的有两个：一是直接目的，二是最终目的。直接目的是引发推广行为的动机。如在传统农业社会，人们为了生存，千方百计地使农作物高产，于是，为了提高作物产量的农业技术推广行为便应运而生；科研院所为了把潜在的、知识形态的科技成果转化为现实的、物质形态的生产力，必须将创新的成果在相应领域推广使用；企业开发的新产品只有投放市场，被消费者购买才能获得利润，同时为了占领市场，让产品迅速被消费者知道并接受，企业需要市场推广；政府从国家和社会的利益出发，必须对个体的行为进行规范和限制，这种规范和限制除了通过硬性的法令强制执行外，还需要通过推广教育来引导人们自愿改变行为。这些推广行为因传输技术、成果转化、产品销售、行为教育的动机而产生，是推广的直接目的，也是短期目的。那么，技术推广、成果推广、产品推广、教育推广，其最终目的是什么呢？根据推广的核心逻辑——诱导变革，我们认为，推广的最终目的只有一个，那就是引导行为自愿变革。

为了实现推广的最终目的，变革行为者需要科学合理地设计其直接目的，并努力使干预目的与用户目的相一致，以实现推广效益的最大化。推广目的（直接目的）与用户目的的一致性程度是有差别的，通常有以下4种情况：

（1）推广目的与用户目的相同。
（2）推广目的与用户目的部分相同。
（3）推广目的与用户目的相联系。
（4）用户目的能够被转化为适合于推广目的。

第一种情况可能发生在由慈善机构提供资金的志愿组织开展的推广活动中，或者是由用户自己付费请商业公司为其提供的推广服务中。在这两种情况下，推广是为用户服务的一种手段，因而推广目的与用户目的高度一致。

第二种情况经常发生在农业推广中。用户目的是多赚钱过好日子，推广目的更多的是为国家利益服务。如在工业欠发达国家，农业推广的目的是为城市消费者提供廉价而可靠的食品供应、赚取外汇为工业发展提供原材料等，这种国家利益的达成是通过引进新技术提高农业产量实现的。产量提高了，价格就会下降，农民为了保持收入增长，也就自觉需要推广咨询服务。这样，当廉价而丰富的农产品变为现实的时候，农民也看到了技术创新给他们带来的切身利益。

第三种情况经常发生在诸如广告一类的领域中。为了使推广目的（出售产品）和用户目的相联系，沟通干预常借助于某些用户感兴趣的、有利可图的、有指望的或者信服的中介物，即"诱导体"，而推广组织想要用户购买的产品被称为"劝导体"，沟通干预力求证明在"劝导体"和"诱导体"之间有一种关系，这种关系被称为广告的"允诺"。

第四种情况是指推广除采用沟通干预外，还可采用其他手段。如价格刺激和补贴可以使用户对推广咨询服务产生兴趣。

当推广目的与用户目的完全相反时，沟通干预是不起作用的。若想通过推广让目标用户去做他们不愿意做的事情，那根本是不可能的。当推广与其他手段如价格刺激、补贴等结合使用时会促使目标用户按照推广目的行事，这时推广的力量变得最大。然而这种力量很明显不是来自推广本身而是来自其他手段。因而纯粹的推广力量是十分有限的。

## 四、推广的功能

在现代，推广又可称作推销、传播、指导，其以人作为目标对象，通过一定的公共平台，将特定的商品（知识、技术、成果、书籍、文化等）传播给大众。

期望改变个人的行为和能力，最终改变社会环境和事务。推广具有两方面功能：个体功能和社会功能。

## （一）推广的个体功能

### 1. 推行科学以增进知识

推广的工作对象是人，推广的主体也是具有专门知识的人。因此，推广的最终目的应该是向特定的用户传播某种知识。无论是信息的推广、劝导式推广还是为解放的推广，它都是一个人传人的过程，目标是推行科学，从而使人增进知识。

### 2. 传播技术以提高技能

推广行为起源于农业领域，传输技术、提高生活技能是推广活动产生的原初动力，也是推广的首要功能。即使是商业领域的推广行为，尽管其每一个步骤都可能存在着促销行为，但也离不开传播技术这一环节。因为产品的销量仅仅只是推广的间接结果，推广的直接利益结果是要让客户了解产品功能、传授产品使用技术，知晓企业品牌，让消费市场尽快接受产品。

### 3. 普及文化以改变观念

我们可以通过推广工作，用全新的观念、文化和行为方式影响目标群体，使他们也能接受这种全新的文化及观念，从而适应社会生活。推广的最终目的是引导人的行为自愿变革。人的行为改变需要经历一个从知识改变、态度改变到行为改变的过程。虽然人的知识改变、态度改变并不一定会带来行为改变，但是人的行为改变了，其知识、态度和观念一定会发生改变。以书籍、知识、信息等为内容的文化型推广尤其具有这一功能。

### 4. 指导方法以增强应用

推广工作要让目标群体参与到某项推广活动中，以此来激发他们的主观能动性，使目标群体在面临问题的时候能够选择合适的方案。通过目标群体参与推广计划的制订、实施和评价，提高目标群体的组织与决策能力。

## （二）推广的社会功能

### 1. 促进科技成果转化

科技成果的转化，是实现科技进步的必要环节。然而，科技成果最初只是一种知识形态，虽然它也是一种潜在生产力，但是如果不将它转换为现实生产力，它是不能产生经济和社会效益的。因此，科技成果转化是科技进步非常必要的一环。这种转化需要通过推广来完成，科技成果能否快速转换为社会生产力，跟推广的力度和效果有关系，推广速度越快效率越高，生产力发展就越快。

2. 提高生产经营效率

生产经营效率的提高离不开创新。创新有3个核心要素，研究、推广和教育，三者是环环相扣的。我们只有将研究成果通过推广和教育统一为用户服务，才能改变用户的知识、信息和技能，进而提高生产经营效率。在创新驱动发展的现代社会，农业和工业发展更加依赖科技成果的推广应用。

3. 改变生活环境质量

推广活动通过教育、传播、服务等工作方式改变用户对生活环境及质量的认识和期望水平，进而引导用户参与环境改善活动，发展基础服务设施和公共文化事业，以改善他们的居住环境，提高生活质量。因此，推广必须同时兼顾经济效益、社会效益和生态效益。经济效益可以是首要的，但不能是唯一的。以牺牲社会效益和生态效益而取得的经济效益是表面的、暂时的、不可持续的。只具备经济效益的创新是不科学的，也是没有推广价值的。

4. 发挥媒介纽带作用

推广具有传递服务和反馈信息的功能。在推广过程中，推广者起着联系科研、教育和生产的纽带作用，同时也是政府和目标群体对话的中介人。一方面，通过推广工作可以将政府的发展计划、方针和政策及时准确地传递给目标群体，以确保各项政策的落实和预定目标的实现；另一方面，可以将目标群体的意见、建议和呼声及时反馈给政府部门，为政府部门决策提供依据，增强政策的可行性。

## 第三节　阅读推广

### 一、什么是阅读推广

"阅读推广"一词来自英文"Reading Promotion"，"Promotion"除可译为"推广"外，还有"促进、提升"的意思，所以也有人将"Reading Promotion"翻译为"阅读促进"。

1995年，联合国教科文组织将每年的4月23日确定为"世界图书与版权日"。在这之后，"推广阅读"的概念在全社会流行起来，并频频出现在美国图书馆等官方网站和工作报告中，成为一个高频词出现在出版界和图书馆界。即便如此，可能是因为"推广阅读"一词字面意思过于简单，自始至终国内外都没有明确的定义。我们可以简单将"推广阅读"理解为，为了促进阅读而进行的推广活动。近年来，一些专家学者开始试着给推广阅读定义。张怀涛综合各家观点，给阅读推广做出定义："'阅读推广'顾名思义就是推广阅读。简言之就是社会组织或个人为促进人们阅读而开展的相关活动，也就是将有益于个人和社会的阅读活动推而广之；详言之就是社会组织和个人，为促进阅读这一人类独有的活动，采用相应的途径和方式，扩展阅读的作用范围，增强阅读的影响力度，使人们更有意愿、更有条件参与阅读的文化活动和事业。"①

王波从国家战略的高度给"阅读推广"做了一个国际化的定义："阅读推广，就是为了推动人人阅读，以提高人类文化素质、提升各民族软实力、加快各国富强和民族振兴的进程和战略目标，而由各国的机构和个人开展的旨在培养民众的阅读兴趣和阅读习惯，提高民众的阅读质量、阅读能力和阅读效果的活动。"②

以上两位专家对"阅读推广"的定义相对来说是比较全面的。我们可以看到，这两个定义的共同之处在于，都将"阅读推广"看作一项跟阅读相关的文化活动，并且可以做反向理解，即"推广阅读"。

"阅读推广"和"推广阅读"的概念是一致的，两者可以互换。推广是一种活动，阅读就是推广的内容。阅读和技术、产品、成果、经验等的推广一样，属于推广学的范畴。因此，我们可以从推广学的视角给阅读推广下定义：

推广是一种沟通干预活动，它是由机构部署的，职业性的、组织性的活动。推广的目的是推广者通过引导，改变其所认为的公共或集体效用的自愿行为。阅读推广跟其他推广活动相比，其特殊之处在于所拥有的"文化性"属性。

对于"阅读推广"的这个定义，其中有两个问题，是我们需要解释和回答的。也就是人们关于"机构部署"和"职业性"这两个关键词的争议。

（1）如果阅读推广是一种由机构部署的活动，那么"个人将自己阅读过的好书向他人推荐，并鼓励其阅读"算不算阅读推广？

（2）如果阅读推广是一种职业性的行为，那么"医生向抑郁症患者推荐其

---

① 张怀涛.阅读推广的概念与实施[J].河南图书馆学刊，2015，35（1）：2-5.
② 王波.阅读推广、图书馆阅读推广的定义：兼论如何认识和学习图书馆时尚阅读推广案例[J].图书馆论坛，2015，35（10）：1-7.

阅读《生命的重建》（露易丝·海著）、《人性的优点》（卡耐基著）、《生之礼赞》（朗费罗著）等书籍以辅助治疗抑郁症"算不算阅读推广？

下面，就让我们来仔细分析：

首先，我们来回答第一个问题。个体与个体之间的推荐活动，虽然也是一种阅读推广行为，但其本质是一种偶然发生的、没有计划和组织的、零星的推广行为。个体间自发的阅读推广力度，放在国家和社会的阅读需求中来说，几乎可以忽略不计。也有人认为，星星之火可以燎原。这样的观点是正确的，但前提是必须同一时间段聚集所有的"星星之火"才行。也就说，只有许多许多个体同时团结起来，成为强大的组织机构，他们的阅读推广行为才更能影响到社会和国家大多数人，才可以被当做"阅读推广"的概念定义。

接下来，我们来回答第二个问题。医生给患者推荐阅读书籍，本质上是为了帮助患者治疗疾病。也就是说，推荐阅读的方式是其治疗中的辅助行为，其还是属于医生治病救人的职业范畴，并不能归纳到"阅读推广"的范畴。只有当医院作为一个组织，承担了阅读推广的任务，医院是一个推荐阅读的场所，组织医生向患者推荐文本，如美国医疗领域实施的"触手可读"项目，医生出于培养患者阅读兴趣和习惯的目的向其推荐书籍，才算是有效的"阅读推广"行为。

综上所述，可以认为，个体无目的的偶发性的向他人推荐书籍的行为，其影响力度几乎可以忽略不计，够不上推广学的概念范畴。站在国家和社会角度看，阅读推广行为必须是有机构有组织的行为，因为只有这样，才能保证阅读推广的影响力度，保证其可持续性及资金的支持，最终才能给国家社会带来阅读推广的效益。如此，从推广学角度给阅读推广下的定义便具有了合理性。

## 二、阅读推广的特征

"阅读推广"在推广学视角下，具有干预性、沟通性、公益性、机构部署性等"推广"属性。此外，还具有推广主体的多元性、推广客体的丰富性、推广对象的明确性、推广服务的活动性、推广效果的滞后性等特有属性。

### （一）阅读推广主体的多元性

阅读的重要性决定了阅读推广的重要性，阅读推广的重要性决定了阅读推广主体的多元性。阅读推广主体是特定阅读推广项目的策划者、组织者、实施者和管理者。[①] 阅读推广的主体包括某些企业、机构团体等，这些主体本身就负有提

---

① 赵俊玲，郭腊梅，杨绍志．阅读推广：理念·方法·案例［M］．北京：国家图书馆出版社，2013：3.

高国民素质的责任,如图书馆、出版社、文化传播媒体,跟文化有关的国家组织、非营利机构和教育机构等。这些组织作为阅读推广主体,纷纷推出了阅读推广项目。当然,不同的阅读主体受各种因素的限制,其进行的阅读推广活动的效果也是不同的。其中,国际组织的影响力遍布全球,推广效果自然也是最好的。如联合国教科文组织、国际阅读协会、国际图书馆联盟等。另外,阅读推广的非营利性机构包括基金会、志愿团体(如网络公益小书房)、民间组织(如万木草堂读书会)、行业协会(如中国图书馆学会)等,其对阅读的推广也起到不小的推动作用。阅读推广工作是一项长期且艰巨的工作,因此决定了阅读推广主体之间是一种长期共存、合作共赢的关系。

### (二)阅读推广客体的丰富性

阅读推广客体是指阅读推广的主要内容。它主要包括3个方面的内容,阅读读物、阅读能力以及阅读兴趣。

首先,阅读推广的读物。从世界各国总体来看,阅读读物的范畴非常广泛,不仅包括传统的纸质出版物,甚至一些影音作品,如电影、音乐、游戏等,都被纳入阅读文本的范畴。其次,阅读能力。这也是阅读推广的主要目标,阅读能力的提升一般可通过识字能力、内容理解能力、分析判断和创新能力来衡量。它也是最容易量化和评估的一方面。最后,阅读兴趣,也叫阅读愿望。它是阅读推广中最难达到的目标。

### (三)阅读推广对象的明确性

阅读推广对象是指阅读推广项目的目标群体,也就是全体国民或其中某个特定群体。从微观来看,阅读推广项目一般都是针对明确的群体的。例如,英国曾针对喜欢足球的5、6年级小学生和7、8年级初中生推出过一项"阅读之星"活动,鼓励他们爱上阅读;还曾针对没有阅读兴趣的成年人推出过"阅读六本书"活动,来提高他们的阅读自信;"夏季阅读挑战赛"和"信箱俱乐部"项目分别针对4—12岁儿童的暑假阅读和为7—13岁的家庭寄养儿童邮寄学习材料展开;美国也曾面向6个月到5岁儿童推出一项"触手可读"的阅读活动,还曾通过"力量午餐"项目,帮助来自低收入家庭的儿童利用午餐时间进行一个小时的阅读活动;新加坡的"读吧,新加坡"每年都会在特定人群中,如司机、销售员等进行图书推广。从世界各国的情况来看,青少年群体、低收入群体及特殊群体是阅读推广关注的重点。

### （四）阅读推广服务的活动性

为了扩大影响力，阅读推广服务经常借助活动的形式进行。每一种阅读项目都离不开阅读活动的开展，并且活动规模越大，影响力就越大。例如，2012年澳大利亚国家阅读年项目邀请了43位宣传大使，与20多家企业合作，开展了4000多项活动，分布在从首都到中部山区的广大区域，面向各种不同年龄段的人群，其中包括"我们的故事""我们到了吗""什么时候开始读都不晚""读这本""描写工作中的人""保存土著文化""加入图书馆""读书时间"等大型活动；[①] 美国的"一城一书"阅读推广项目以一本书作为活动的基点，发展相关活动，如读书讨论会、学术研讨会、作者访谈、作者见面会、作品展览、电影放映、演讲、游览、作者演唱会等，以贴近生活的形式，促进人们之间的交流。我国的全民阅读活动，形式更多样，如"源远流长的中华典籍"大型广场活动、"书香中国"电视特别节目、图书馆阅读服务宣传周、高校图书馆的读书月，以及图书银行、送书活动、读书知识竞赛、微书评、读图、真人图书馆等常用阅读推广形式。因此，与图书外借阅览等传统服务相比，阅读推广是一种活动化的服务，而且是一种受益读者相对较少、服务成本相对较高的活动化服务。[②]

### （五）阅读推广效果的滞后性

阅读推广效果是指阅读推广最终能达到的结果和影响力。阅读推广活动不能仅仅是完成整个过程，最重要的是推广的质量和效果如何。我们一般通过阅读推广客体也就是读者自身的变化来判断阅读推广成效。读者的变化表现为个体的知觉、态度、行为、习惯等的改变。张怀涛认为，阅读推广的知觉效果是指通过阅读推广是否使人们对"阅读"有了初步认知和感觉，是否增加了有关阅读的知识量，这是一种浅层效果；阅读推广的态度效果是指阅读推广是否激发了人们对于阅读的热情，是否产生了热爱阅读的主动态度，这是一种中层效果；阅读推广的行为效果是指阅读推广是否使人们在行动上有所实施，是否能够理性地将一定精力和时间投入阅读之中，使自己的阅读能力和文化素养不断提高，这属于深层效果；阅读推广的习惯效果是指阅读推广是否让人们养成了良好的阅读习惯，使阅读生活化、常态化，这属于最佳效果。[③] 但是，习惯的养成是一个长期过程，个体的知觉、态度、行为也不会一夜之间改变。这就使阅读推广效果具有了滞后性，且难以观测和量化。

---

① 赵俊玲，郭腊梅，杨绍志.阅读推广：理念·方法·案例［M］.北京：国家图书馆出版社，2013：122-129.
② 范并思.阅读推广与图书馆学：基础理论问题分析［J］.中国图书馆学报，2014，40（5）：4-13.
③ 张怀涛.阅读推广的要素分析［J］.晋图学刊，2015（2）：1-7.

## 三、阅读推广的目的

阅读推广目的是指阅读推广最终可以实现的社会价值和教育作用。事物的价值是人类的一种主观情感体现,所以"目的"一般都带有主观性,阅读推广的目的也是这样,它的目的性会随着推广主体的变化而变化。例如,联合国教科文组织、国际阅读协会等全球性的文化组织,他们的推广阅读目的是提高全人类的文化素养和阅读水平;由国家和政府牵头的阅读推广则立足于国家层面,希望提升自身的文化软实力,实现国民素质提升以及本民族的振兴;从更微观的角度看,如出版社和书店,他们推广阅读的目的更为简单——提高图书的销量,提升经济效益。

综上可知,因为社会职责、关注对象、资源拥有情况的不同,阅读主体的推广目的也会不同。从微观和宏观的角度划分,出版机构、书店、图书馆等推广阅读的目的是小范围的、直接的,属于微观目的;国际组织、国家政府层面开展的阅读推广活动是面向全人类、全体国民的,属于宏观目的。两者并无优劣之分,宏观目的是间接而长远的目标,它的实现需要一系列微观目的的支撑。两者的共同点是,都需要培养推广客体的阅读兴趣和习惯,才能达到阅读推广的目的。

从推广学角度讲,阅读推广的目的是引导人们自愿变革阅读行为。所谓阅读行为的自愿变革,可以简单概括为:通过阅读提升公民素养,使不爱阅读的人爱上阅读;使不会阅读的人学会阅读;使阅读有困难的人跨越阅读的障碍。这是开展阅读推广的终极目标。

## 四、阅读推广的功能

所谓功能,即是指事物的功用和效能。阅读推广的功能在一定意义上是指阅读的功能。人类阅读带来的积极影响涵盖政治、经济、文化、社会等各个方面。对个体而言,阅读的基础功能是增进知识、提升智慧、愉悦身心、修养品行、成就事业,即古人所说的致知、诚意、正心、修身。人也是社会的一部分,个体的进步必然也会带动社会的整体进步。社会整体进步表现出的作用体现为传承文化、教化民众、促进创新、助力生产,这和阅读推广这种文化活动的功能不谋而合,因此,阅读推广是可以推动社会进步的。

### (一)传承文化

阅读是传承文化的唯一手段。书籍是人类文化传承的最重要的载体,人类如果没有阅读这种行为,书籍就是"死"的,文化也不会自动传承。

正如阿尔维托·曼古埃尔在其著作《夜晚的书斋》中所言:保存在图书馆里

的各种各样的图书，无论稀有还是普通，古书还是新书，它们的性质和品质都没有它们的在场和流通重要。读者的阅读过程使古老的书籍发生了新变化，它和现代人的思想发生碰撞，获得新生。阅读，就是书籍复生的仪式。

古亚历山大国王托勒密践行曼古埃尔的观点，不仅建立了当时世界上藏书量最大的图书馆，为了提高藏书的利用率，他还邀请了当时世界上的许多名人，请他们前往亚历山大图书馆，如古希腊数学家阿基米德（Archimedes）、欧几里得（Euclid）等。国王付给这些学者可观的费用，请他们利用自己国家图书馆的藏书。在这些名人的推动下，图书馆内新的图书和注解不断诞生，古亚历山大图书馆因此名动世界，成为世界智慧和学问的储藏室，长达700年时间无人能超越。无独有偶，在20世纪二三十年代的中国，也出现了一位开明的人物，就是曾任南京图书馆馆长的柳诒徵先生。他开创了"住馆读书"制度，主持制订了图书馆章程，在章程中有一项"住馆读书规程"：凡有志研究国学之士，经学术家之介绍，视本馆空屋容额，由馆长主任认可者，得住馆读书。[①]

阅读需要推广才能被注意到，因此，阅读传承文化的功能也就顺其自然地被植入了阅读推广中。

### （二）教化民众

从古代到现代，教化民众的功能可以说是书籍最大的功能。书籍的教化功能是通过民众的阅读行为来实现的。古代伟大的科学家、教育家亚里士多德曾提出一个愿望，希望官方藏书和私家藏书都能用于教学，并对其学生开放。图书馆这一新生事物未传到我国之前，1985年我国近代思想家、教育家梁启超先生就同康有为等维新派人士，为"普及新学、启迪民智"在北京建立了新型的图书机构，并对广大民众开放。强学会成员还四处宣传，请民众来读书。《梁任公先生年谱长编》中记载：强学会书藏成立后，备置图书仪器，邀人来观，冀输入世界之智识于我国民。该书藏中有一世界地图，会中同人视如拱璧，日出求人来观。偶得一人来观，即欣喜无量。这种传输知识、开发民智的热忱，令人感动。强学会的这一行为，与今天的阅读推广不谋而合，阅读推广教化民众的作用可见一斑。

### （三）促进创新

人类社会进步和历史发展的动力是创新，而阅读则是创新的基石。创新并不是无本之木，也不能凭空出现，它的基础是前人的知识和智慧，正所谓"站在巨人的肩膀上前进"。只有先继承前人的成果，在此基础上进一步发展出新知识、

---

① 徐昕. 柳诒徵与国学图书馆［J］. 中国典籍与文化，1998（4）：33-37.

新技能，才能叫创新。我们通过阅读继承前人的成果，而创新成果的推广也离不开他人的阅读。"任何一种思想、理论、方法、技术、发现、创造等，问世后若被禁闭于其发明人、发明地，那么，它的作用几乎可以忽略不计。只有记录于载体，推广于社会，其价值才能得以实现。"[①] 当今时代是一个创新的时代，阅读推广对创新的促进功能不言而喻。

### （四）助力生产

"科学技术是生产力"，作为马克思主义的基本原理，科学技术的重要作用可见一斑。科学技术需要不断创新，创新的基础是继承前人的成果，这些都离不开阅读。人们通过阅读来获得先进的技术，提高自身的素质。劳动者素质的提高是促进生产的前提。曾任国家新闻出版总署署长的柳斌杰先生指出："只有通过广泛的阅读，才能在继承前人经验和了解最新科学技术资料的基础上有所创造、有所前进。只有站在巨人的肩膀上，才能够以更加高远的立意，找到改革和创新的途径，掌握改革和创新的能力或技术，解放和发展生产力。发展经济的关键是生产力，而作为生产力最核心要素的人必须有知识有能力。这就决定了阅读直接关系到生产力的发展水平和人的素质的高低。"[②] 我们可以这么认为，国民的阅读能力决定了一个国家生产力水平的高低。国民阅读能力强，就能提高科学技术普及程度，生产力就强；国民的阅读能力差，科学技术普及程度就低，生产力就弱。

---

[①] 张怀涛.阅读的多重价值［J］.华北水利水电学院学报（社科版），2013，29（3）：99-103.
[②] 朱永新.我的阅读观［M］.北京：中国人民大学出版社，2012：78.

# 第三章 阅读推广的理论研究

本章主要内容为阅读推广的理论研究,从理论的起源、理论的进化和理论的升华3个方面进行了详细论述。

## 第一节 理论的起源:阅读共同体形成论

### 一、阅读推广的研究对象

目前阅读推广已经成为图书馆界的重要研究领域,阅读推广实践工作在不断推进并已取得丰富的实践经验。笔者在对阅读推广实践工作研究成果进行梳理后,发现阅读推广工作存在以下几个研究对象:阅读环境、专家、阅读推广人、读者群、阅读活动要素组合。

#### (一)阅读环境

图书馆是人类阅读的最佳场所,改善目前阅读环境是阅读推广研究者关注的研究领域。有研究者强调图书馆应建立经典阅读阅览室等阅读空间。[①] 有研究者认为舒适的图书馆阅读空间环境是阅读推广开展的依托,阅读推广平台建设是阅读推广活动开展的基础。[②] 平台建设能提高阅读推广效果。馆藏资源是图书馆阅读推广的基础保障。[③] 由此可见,阅读环境主要由与阅读有关的法律法规、图书馆资源和阅读空间、虚拟阅读平台等构成。

#### (二)专家

名人效应可作为激活全民阅读的激励机制。专家是阅读推广的引领者和道德模范,可推动深阅读,并使读者收获思考体验、情感体验、价值体验和审美体验。

---

① 王余光.图书馆阅读推广研究[M].北京:朝华出版社,2015:361.
② 陈幼华,蒋丽丽.图书馆经典阅读推广体系与平台设计研究[J].大学图书馆学报,2016(6):70-76.
③ 段梅,范丽娟,赵晖.南京理工大学图书馆的阅读推广创新[J].大学图书馆学报,2011(4):86-89.

专家的书评和导读可成为全民阅读推广活动的"领读者"。①渥太华中心公共馆长期招募专家构建在线阅读社区,埃默里大学图书馆也构建了专家引领的网络学习空间。②针对学生建立实体的阅读社区,要求专家和家长共同参与。因此,专家在阅读推广中可起到重要的作用。从整体的阅读推广实践来看,目前专家的引领作用还没有完全被重视。

### (三)阅读推广人

阅读推广人在阅读推广中的作用不言而喻。阅读推广人是具有一定资质,可以开展阅读指导、提升读者阅读兴趣和阅读能力的专业与业余人士。图书馆应成为阅读推广人培养与成长的摇篮。设立"职业阅读推广人制度"有助于强化阅读推广人的责任感和专业度。③阅读推广人应走专业化发展道路,强化专业化培训。④综合以上研究,阅读推广人应走专业化发展道路,其各项素质亟待提高,图书馆界应加强对阅读推广人的培育。

### (四)读者群

读书会对阅读推广有积极的影响,但未引起足够重视,缺乏推广机制,缺乏专业指导,活动形式单一。阅读社区是一个复杂的群体,阅读社区的影响力优于读书会或者其他阅读推广活动,开展群体阅读模式可以深入探索当前深阅读的推广工作三大路径:创造相遇、丰富体验、回归对话。⑤阅读社区为图书馆领域提供了探索读者怎样与图书"相逢"的一种绝好渠道。综合以上研究发现,未来读者群的形成应该不是自发的,而是在固定的阅读环境中,由阅读推广人组织、专家引领(甚至产生追随现象)而形成的。

### (五)阅读活动要素组合

读者、读物、阅读环境是人们阅读活动的要素,是开展阅读推广活动的着力点。我们可以以专家和导师为主导,以经典为阅读内容,以读者的阅读、思考、写作、表达等四位一体的能力提升为核心,通过情境、协作、会话、意义构建四大学习环境要素,开展经典深阅读活动。专家和读者群共同开展阅读推广活动能起到很好的效果。

---

① 徐雁.''两个批评学者''与''五十个书评家'':有关《图书评论与阅读推广》的知识解说[J].图书馆建设,2017(12):19-22.
② 张玖莉.泛在知识环境下数字图书馆阅读社区的构建研究[D].绵阳:西南科技大学,2015:24-26.
③ 张怀涛.阅读推广方式的维度观察[J].大学图书馆学报,2015(6):59-65.
④ 张章.阅读推广人培训的现状与展望:以中国图书馆学会阅读推广人培育行动为例[J].图书馆杂志,2016(8):36-41.
⑤ 李桂华.深阅读:概念构建与路径探索[J].中国图书馆学报,2017(6):50-62.

综合以上研究发现，在阅读推广实践中，组合要素要好于单个要素的效果，有专家参与的效果要好于没有专家参与的效果，好的阅读环境能提升阅读效果。虽然近年来围绕这些要素进行了大量的实践，但是从推广效果上看，还不能令人满意。图书馆还要继续完善阅读推广各个要素的研究，提出各个要素建设的标准，使阅读推广活动能更有针对性、更有效地开展下去。我们应该考虑，在单个要素效果有限而组合效果更佳的情况下，是否可以将所有的要素组合成一个整体，并确立整体中的各个要素标准，使这个整体成为一个有机的、更有效的阅读推广模式。

## 二、共同体和阅读推广

将阅读环境、专家、阅读推广人、读者群4个要素组合起来，构建成一个阅读推广活动的整体形式，其阅读推广效果是否好于单个要素或者其他组合要素，目前没有具体的案例能证明，但是在教育领域和学术研究领域已有成熟的学习共同体和学术共同体可供借鉴。

### （一）学习共同体

学习共同体是人类为解决学习的困境而构建的。人类的学习行为，最初只是停留在个体获得知识的过程，是孤立的。随着建构主义理论研究的深入，人类逐渐意识到学习行为是知识的建构，学习是知识的社会协商。温特比尔特大学认知与技术小组在总结开发贾斯珀系列历程时，提出学习共同体的概念，研究人员通过反思自己经历的一个团体——学习技术中心，认识学习共同体的特征，明确学习共同体的形成和发展过程。[①]学习者和教师、专家等共同组成学习共同体。学习共同体的成员在学习中是互相促进的关系，交流分享学习资源，一起完成学习任务。美国卡门学校学习共同体以学校发展规划为基础，以学生为中心，针对学习问题，由家长、专家、学校教师组成合作团队，共商解决问题的策略，促进学生全面发展。美国迈阿密大学教学促进中心主任米尔顿·克斯创建国际性的教师学习共同体，他在总结构建教师学习共同体的要素时认为，教师学习共同体的要素可以分为目标、课程、管理、联系、相关参与者、活动、学术、评价和奖励。[②]网络学习共同体由学习者、助学者（包括专家、教师和组织者）和信息流（包括

---

[①] 武俊学,李向英.构建网络环境下教师学习共同体：教师专业发展的创新途径[J].现代教育技术,2006（1）：69-72.
[②] 詹泽慧,李晓华.美国高校教师学习共同体的构建：对话美国迈阿密大学教学促进中心主任米尔顿·克斯教授[J].中国电化教育,2009（10）：1-6.

必要的网络环境，如资源、在线课程、专题网站、互动平台以及相关的硬件设备）组成。

综合以上研究，学习共同体可以由学习环境（学校或者网络学院等）、专家、组织者（教师或者助教或者行政组织）、学习者共同构成，它已经不再把教师和学生的直接对话作为学习的主要手段，而是推到与学习环境的建设（包括学校的建设目标、学校软硬件设施建设等）、专家参与和引领等要素共同作用的阶段。

### （二）学术共同体

美国科学哲学家库恩（Kuhn）曾提出过科学共同体这一概念，学术共同体由此演变而来。在特定的学科中，从业人员因为教育和科学训练等要素被联系在一起，他们在工作上彼此协作，也会在专业方面进行知识思想的交流，对专业的认知非常相似。构成学术共同体的主体包括本学科领头性人物、有科研基础的专业人员、从事本学科活动的阵地（报纸、期刊等）以及实施内在制度和活动的工作人员。在实践建设中，学术共同体可以由资料、学者、刊物编辑部、审稿专家等几个要素形成。师生互动的家庭式学术沙龙，其形成的要素可以由大学、导师、学生组成，虽然没有涉及组织者，但背后少不了家庭成员或联络人的支持和促成。综合以上研究，学术共同体的主要要素为学术环境、专家、专业学术人员、组织者。

### （三）阅读推广

阅读推广的各要素与上述两种共同体的构成要素几乎是一样的。共同体是人类意识到仅凭单个力量难以解决社会困境和危机的时候，为达到最大效益而形成的团体。这个群体中的成员有着本能意志或对群体习惯制约的适应性，抑或是有着共同思想、记忆等。学习共同体已经成为教育领域探讨的重要内容，学术共同体成为学术研究促进与交流的主要形式，承担学术评价的重任。根据阅读推广的对象和学习共同体、学术共同体的构建经验，我们有必要构建阅读共同体，以一个整体的、系统的方式推进全民阅读活动。

## 三、阅读共同体

### （一）阅读共同体的概念、要素及其目标

阅读共同体是有关阅读的群体，它以阅读环境为基础和保障，由专家、阅读

推广人、读者群组成，成员彼此之间协作完成一定的阅读目标或者任务，形成相互影响、相互促进的人际联系，共同养成良好的阅读习惯，并在这个过程中形成一定的规范和阅读文化。

完整的阅读共同体应由阅读环境、专家、阅读推广人、读者群这些要素支撑，并通过目标管理、制度建设将所有要素组合起来形成凝聚力，引领全民阅读文化建设。

阅读环境是催生阅读共同体产生的保障体系，包括大环境（如全民阅读战略、涉及的单位和部门）和小环境（如图书馆服务、平台等软硬件）。

专家拥有丰富的知识和阅读技巧，可引领阅读共同体成员追随，彼此促进。在目前的阅读推广活动中，读者群的形成、阅读推广人的培育、阅读环境的建设正在不断加强，但专家的作用体现得不够明显，需要显著加强。可以预见，在未来的阅读推广活动中，无论是在阅读习惯和阅读兴趣的培养上，还是在世界观、人生观、价值观的形成上，专家的言传身教和引领将具有巨大的说服力。专家的影响力将成为提升阅读推广活动成效的重要因素。

阅读推广人将走向职业化、专业化之路，成为活动发起人、策划者和组织者，在阅读共同体中承担活动的策划、组织、实施、控制和评价等职责。

读者群是整个阅读共同体的基础，前3个要素最终是为了读者这个要素而构建的。每一个阅读共同体可以寻找有相同兴趣爱好、相同价值观或者相同需求的读者，构建读者群。

阅读共同体构建的目标是通过阅读活动，使公民爱上阅读，学会阅读，养成阅读的习惯，最终能够通过阅读提升公民素养。这与全民阅读的推广目标是一致的。

### （二）阅读共同体的展望

未来的阅读共同体模式将改变阅读活动的单一模式，每一个阅读共同体的活动不再是一次性阅读推广活动或者一次专家讲座，而是阅读推广人策划和组织、专家连续参与、固定读者群持续阅读，时间短的是一本书完整阅读，时间长的是一个主题连续阅读，而更长的是全民阅读习惯养成。阅读共同体层次可以细分如下：

小到由一本书或一个班级组成的阅读共同体单元，包含小型阅读环境（如小书架、小型阅读室等）、导师、活动组织者、读者。目前正在进行的一些读书会、读书社区可以升级到阅读共同体单元。

中到企事业单位组成的阅读共同体，如在一个学校或者一个企业形成的阅读共同体，由图书室或图书馆、内部专家团队、阅读推广组织部门、单位全体成员组成。目前一些高校的经典阅读工程可以升级成中型阅读共同体。如南京大学推出的本科生"悦读经典计划"，通过学校项目负责人的设计和运动，由专家会议决定遴选书目，并由专家领导，由青年教师组成的导师团队开展阅读活动，激发学生的阅读兴趣和理性，培养其批评性的思考能力。[1]

大到一个城市一个地区，利用广大资源和行政手段构建阅读共同体。如"一城一书""一校一书"活动等可升级为大型阅读共同体等。再大到全社会的阅读共同体，上升到国家战略，由国家层面形成阅读环境（包括阅读政策、资源保障体系、全民阅读推广平台等）。

如此这般，构建各级阅读共同体，组成体系，积极推广，将对全民阅读起到强大的推动力，使阅读推广由量变产生质变。

阅读共同体对于阅读推广来说是一个新的系统性的概念。目前在全民阅读推广战略持续推进的情况下，阅读共同体的出现也许是解决问题的有效手段，可为全民阅读推广带来新动力。

## 第二节　理论的进化：阅读共同体的内涵和特征

阅读共同体是基于阅读推广而构建的一种新模式。强烈、积极的阅读协作构建的阅读共同体拥有凝聚力和归属感，能使读者养成良好的阅读习惯，从而使阅读推广效果可以预见。[2]可以同时在线上和线下建立一个基于阅读和人际交往的互动社区，其主要作用是突出学生的主体地位，弱化知识灌输，加强主体间的互动，以收到最优的阅读效果。阅读共同体的构建，需要对阅读共同体的特征进行剖析，以揭示其内涵。

### 一、阅读共同体的内涵

#### （一）共同的信仰和目标

共同体是需要共同的价值信仰和理解的。共同体是以满足成员需求为目的而产生的组织。阅读共同体的信仰是什么？是学而优则仕，还是"万般皆下品，唯

---

[1] 周宪.从"沉浸式"到"浏览式"阅读的转向［J］.中国社会科学，2016（11）：143-163.
[2] 张泸月.智慧阅读推广：智慧阅读时代的新常态［J］.图书馆建设，2018（7）：72-79.

有读书高"？这些话语中都包含着一个意思，那就是阅读改变人生。曾祥芹先生的《阅读改变人生》成为读者信仰最好的注解，朱永新在《我的阅读观》一书中开篇就以"阅读改变人生"论述了阅读的意义和目标。阅读改变人生已成为平凡人的信条。但要使其成为阅读共同体的价值内核、信仰和目标，必然要将其作为成员精神内化的结果。成员的内在目标就是要在阅读共同体的支持下，通过阅读改变自己，建立阅读兴趣，同时获得阅读能力、阅读习惯乃至努力使自身在精神上变得更好更强大。阅读共同体的外化目标就是提升全民阅读素养，促进民族文化的发展与进步。

### （二）共同的资源

无论是血缘共同体还是地域共同体，都存在着享受和劳动以及占有和享受共同的财产。在学习共同体中，课堂是学习共同体的主要特点，它是开展教学的舞台，是教师和学生生活的主要场所。课堂包含了太多的资源，如设备、教学资料、环境等，而且课堂具有整齐划一性和排他性。因为排他性，我们把阅读共同体的生成局限在一个范围内，只有在一个拥有共同资源的范围里，阅读共同体才有可能真正诞生，其他条件下形成的阅读群体，不属于阅读共同体的范畴。诞生阅读共同体的场所应在各类图书馆、图书室等资源环境中。阅读共同体成员利用共同的资源形成凝聚力。在阅读共同体中，阅读内容是同一主题的资源或者同一本书，成员之间通过阅读和交流，来彼此探讨和理解阅读内容，并通过辅导者的指导和自身的感悟或者顿悟，获得能力或经验的提升。阅读共同体将阅读内容、阅读过程中形成的知识和资源形成资源库，供成员查看和参考，这些共同的资源更具排他性，也是阅读共同体文化形成的基础。这些资源为阅读共同体的目标服务。资源的丰富性和指向性成为共同体成员迈向成功的基础和阶梯，同时吸引成员进入共同体，参与活动，占有并享受优质资源。在朱永新领导的新教育公益项目规程中规定：以图书馆为中心，建立专业阅读共同体，图书馆借阅对象优先提供给共同体成员。这间接说明阅读共同体共同资源的重要性。

### （三）权威

共同体里存在一种优越的力量，它高居于成员之上，保护、提携、领导着他们。这种力量可称为威严或权威，主要表现在3个方面：年龄的威严、强大的威严、智慧或者智力的威严。没有威严和权威的群体就像没有核心的玩伴，构不成共同体的形式。引领共同体的一定是能做出正确和有益的决策的行家或者权威。阅读共同体中的权威可来自专家与阅读推广人。专家在智慧上的威严是引领共同体成员阅读和完成目标的主要力量。专家对某一个领域的文本有深刻认识，了解这些文本会对成员理解社会和人生产生巨大影响力，阅读这些内容给成员带来的结果应是好的，因此在阅读内容的选择、理念的传递、意志的形成上，专家必然是权威。而阅读推广人的威严来自他们的服务意识和服务精神，因为任何服务（包括专业的服务）都可以视为一种威严。阅读推广人是阅读共同体形成的推动力量，是将专家和阅读内容结合在一起的媒介，也是共同体的管理力量，为阅读共同体制度的制定、阅读共同体意志和文化的形成等做出贡献。阅读推广人始终站在服务于专家和读者的角度，必须拥有牺牲精神，无私奉献于阅读共同体，同时获得专家和成员的信赖。阅读共同体并不是处在权威或威严中的一个冷冰冰的组织，专家需要用善意、谦虚与和蔼唤起尊敬的意志，阅读推广人要用服务、交流和牺牲精神将成员团结起来。因此，阅读共同体同时具备共同体的温柔和敬畏的特征。

### （四）有共同阅读兴趣的成员

阅读共同体成员首先是在共同体内部通过强烈的阅读兴趣滋养自身，完成阅读共同体的目标，然后再发扬阅读共同体的文化，通过相关阅读对其他主题产生进一步的兴趣，再重组阅读共同体或者加入新的阅读共同体中。从诗歌到小说、从历史到哲学等，一个个因为兴趣而连接起来的阅读共同体，影响着成员的阅读生活，不断提升成员的能力和经验，也不断孕育着一个个优秀成员的诞生。

以上4个要素是阅读共同体必不可少的组成元素。它们使阅读共同体成为一个由共同信仰和目标指引的，由权威或优势力量、共同的资源以及因有共同阅读兴趣而志同道合的成员组合而成的，富有凝聚力和吸引力的团体。当然还有一些其他因素也是阅读共同体的组成部分，如外部环境、制度建设等。

## 二、阅读共同体的特性

阅读共同体的要素构成中，结合不同共同体的特征，我们归纳出阅读共同体的基本特性，主要体现在身份认同、依赖性、归属感、实体消亡或重组性。

### （一）身份认同

在共同的资源论述中，我们已经提到了排他性。在拥有共同的兴趣中，我们提到了身份认同。"我是谁""我们是谁"是一种哲学意义上的社会认同，作为共同体的身份认同源于成员的认知、偏好和情感。阅读共同体是被纳入资源使用、拥有阅读能力和阅读兴趣，并有意通过阅读共同体追求个体目标和共同进步的成员而聚集在一起形成的群体。对于个体来说，身份认同是自身要匹配群体的要求，而被群体认同之后成为共同体的一分子,从而拥有劳动、占有和享受的权利。对于群体而言,个体之间因为差异性,导致在共同体中的分工和合作的不同而存在等级或者属性关系。在学习共同体存在的身份转换的灵活性,不会在单个阅读共同体中出现,在不同的阅读共同体中发生的身份转换是有可能存在的,如社会科学专家成为自然科学阅读共同体的成员。但无论如何,在阅读共同体中,这种身份认同是它根本的特性,牢固地保持着共同体的凝聚力。图书馆读者身份可以认为是所有阅读共同体身份认同的广义概念,而对于成为单一阅读共同体的成员,以相同的阅读兴趣和阅读内容组合在一起,为共同的目标,彼此承诺,认同对方,拉近距离,共同关注和关心,形成相互信任的关系,才是阅读共同体真正意义上的身份认同。

### (二)依赖性

在血缘共同体、地域共同体中,成员存在着生命的成长、发展、生活、职业等各个阶段的依赖性。血缘共同体成员依靠相互习惯来支持彼此间的交流;地域共同体依赖邻里之间的安全、财产等产生的互助,"远亲不如近邻"是对它最好的阐释。当代共同体不再以血缘、地缘这些特征为基础。当代共同体成员之间的联系体现在更加广泛的共同特征上,如共同观念、地位、种族、共同任务、同一语言文化等。阅读共同体没有血缘共同体、地域共同体那样深刻的依赖性,只能在寻求精神和情感上的依赖性,也许友谊可以对它的依赖性进行某个方面的诠释。阅读可以排遣孤独,阅读可以改变人生。成员共同痴迷于同一个主题的文本,从主题的阅读中提升自己,参与彼此的讨论,发现自己在阅读共同体中扮演的角色,沉醉于阅读共同体的氛围中。因此它的依赖性体现在对共同体成员的依赖、对阅读环境的依赖、对目标实现的依赖以及对整个阅读共同体氛围和文化的依赖。

### (三)归属感

归属感是个体的一种情感体验,它表现在个体对群体的不同程度的认同和依赖上。共同体首先是一个群体,归属感就是能够维系全体成员关系的一种行之有效的被群体成员认可的文化形式。共同体成员之间有着共同的信念,找到归属感的成员,更容易在群体内释放天性,向其他成员倾诉自己的思想意志。阅读共同体主要通过阅读共同体文化来形成归属感。阅读共同体文化体现出成员的自由度和荣誉感。首先是阅读共同体成员自由接触和交往,自由展现阅读感悟和阅读体验,即使充分地表达着各种情感如悲伤、愤怒、喜悦、快乐、幸福、嫉妒、恐惧、羞耻和爱，也不会感到不适，因为这些都是文本本身赋予的阐释。其次是阅读付出与收获的比重。成员认真地参与阅读共同体的活动，必将受到赞赏和关注，从而获得相关的荣誉。良好的制度和专家的权威、阅读推广人的关怀、所有成果的固化都是阅读共同体归属感形成的重要条件。

### （四）实体消亡或重组性

无论是血缘共同体、地域共同体还是其他共同体，在经济危机、战争、新文化等因素的影响下，都会存在着衰落和消亡的危机，一旦消亡，共同体成员将重新寻找适合生存和发展的环境去形成共同体，继续产生新的秩序和文化，也存在沿用旧共同体的形式继续发展的情况。

各类实践共同体都会存在实体消亡或重组性。学习共同体在实际教学操作中，采用基于问题或项目的学习，其周期为4—16周。[1]学术共同体因为范式的转变而分化或重组。

在阅读推广方面，黄琳等将阅读社区活动的生命周期划分为4个阶段——参与动机孕育、被动参与过程、主动参与过程、关注焦点转移，其观点主要就一个网络发帖的读者参与交互的生命周期而言。[2]

阅读共同体不可避免地面临消亡与重组。消亡的因素主要有两个方面：一是认知迭代，二是权威弱化。认知迭代的过程是为增强知识的某种认知目的而产生知识的相继阶段，它包含两种进步模式：丰富和自纠。丰富是指对原来的知识系统进行发展，导致某些知识增强。自纠是指原来的知识系统基于迭代的过程而进行审查和改进。阅读共同体在取得认知迭代成功后，成员对专家的引领与阅读内容的理解被自身吸纳，随着理解深入，阅读共同体的吸引力逐步降低，最后随着阅读共同体成果的固化，导致共同体内部成员的交流减少，实体逐渐消亡，进而在新的阅读共同体中重组。权威弱化主要是由内部因素导致的。所谓权威指的是引导别人的内在精神力量，而随着内在精神力量不复存在，外在的权威感也会消失。权威产生的力量是以权威主体自身的知识与道德的力量来实现的。权威弱化的原因主要是成员获取信息的多样性、来自经济和外在文化的冲击、成员主体地位的确立等因素。在阅读共同体中，权威是文本的解释者，是成员阅读文本的帮助者。成员通过知识的获取，获得并实现了主体性，同时逐步弱化了权威带来的影响，导致阅读共同体的消亡。阅读共同体帮助成员在过程中享受了自由，获得

---

[1] 钟志贤.知识建构.学习共同体与互动概念的理解[J].电化教育研究，2005（11）：20-24.
[2] 黄琳，李桂华，黄安妮.生命周期视角下的阅读社区读者交互特征[J].图书馆论坛，2017（7）：48-54.

了进步，同时使成员迷恋共同体文化带来的吸引力，即使实体消亡，其形式和文化在成员中得以延续，新的阅读共同体将重新形成，循环往复。

阅读共同体的形成对阅读推广效果产生积极的意义，但是它需要来自阅读环境的支撑、柔性制度的保障以及社会认知水平的提升。学界可以积极探索阅读共同体的实现路径和支撑体系，以加快阅读共同体的构建和成熟，促进全民阅读的推广和提升。

## 第三节　理论的升华：阅读共同体完整论述

经典阅读已经成为阅读推广的核心内容。阅读共同体模式被认为是经典阅读推广中的最佳模式，涉及阅读共同体的理论研究也不断呈现。我国最初提出阅读共同体源自中国人民大学金元浦教授的专著《文学解释学》，他在论述每一文本都能找到自己合适的读者群时，这样写道：这是由阅读兴趣、审美能力、接受程度、鉴赏水准不同的读者构成的阅读共同体，是一种通过阅读进行对话与交流的"无形学院"。在随后的论述中，他以阅读过程中的期待视野为分类标准，将不同的阅读共同体分成高层次阅读共同体和低层次阅读共同体，而读者会因为自身阅读经验的提升，从低层次阅读共同体向高层次阅读共同体转换，并认为最高层次的阅读共同体成员应由时代最杰出的、艺术视野和水准最高的人（或者是天才）组成，同时认为，因为人的需求是多层次的，所以多层次的阅读视野可能同时共存。[①]其以接受反应理论中文学阅读共同体的阐释，而成为阅读共同体论述的开端，不过似乎没有引起太多的注意。而后关注阅读的学者和研究者也在研究中提起过阅读共同体，但都未真正深入阅读共同体的概念与内涵研究。在中国知网检索（检索日期2019年12月4日），以"主题"为检索项，以"阅读共同体"为检索词，获得文献84篇，其中2017年之前每年文献篇数不超过7篇，2018年达20篇，2019年27篇，近两年飞速增长。一些中小学教育的研究者将阅读共同体置于学习共同体概念下，如王彩霞在2013年发表的《基于中小学数字图书馆阅读共同体的构建》一文中，认为阅读共同体是指以阅读为主题的学习共同体。这是对阅读共同体一个比较简单的归类，事实上，阅读共同体并不仅仅是置于学习共同体下的群体。在2017年对阅读社区进行广泛的研究后，李桂华试图构建一个可靠的阅读群体的阅读推广模式，其在《深阅读：概念构建与路径探索》一文中认为，

---

① 金元浦.文学解释学［M］.长春：东北师范大学出版社，1997：217.

数字时代深阅读的意义在于其具有"复合"价值，而新文本、新读者、新环境召唤着新型深阅读，应以创造相遇、丰富体验、回归对话为导向开展阅读推广工作。通过对读者关系的多角度研究之后，张泸月在《智慧阅读推广：智慧阅读时代的新常态》中认为，在阅读者之间构建可依赖的关系，积极的、强烈的阅读协作非常关键。读者在阅读协作中能够通过思想交流、互助合作、彼此关心来增加感情，形成团体凝聚力，进而才会成为一个去中心化的、非线性的阅读共同体。操菊华、康存辉在《全民阅读共同体构建策略研究》中认为，阅读是全民共同利益、价值、文化和发展的诉求，构建全民阅读共同体需要有文化自信的主导地位、阅读资源的引导作用、阅读环境的净化作用和阅读个体的榜样作用。

综上所述，由于阅读共同体有助于阅读效果的提升，无论是学界还是业界，对阅读共同体理论和实践的研究已经越来越广泛。研究成果体现出对阅读共同体不同的解读，显示出在理论研究上存在对阅读共同体概念解读较为片面或宽泛、在实践建设上存在不少缺陷等问题，无法构建真正的阅读共同体，主要原因是对共同体理论的认知不足。因此有必要根据共同体理论对阅读共同体做进一步研究。

## 一、共同体的核心特征

探讨阅读共同体的概念，首先要从共同体的概念出发。学界普遍认为，较早提出共同体概念的是德国社会学家滕尼斯（Tonnies）。但事实上，马克思在人类社会发展的历史研究中，已经深刻地描述了共同体的起源、发展和未来的趋势。从稳定的个体出发，个体与个体的外部产生一种关系，从而形成和创造出有助于个体之外相对于个体本身发展的完美的客体，并通过客体达到认识和承认个体自身的目的。这些过程中产生的多种关系，都需要依赖共同体，共同体能使个体成长和认识自己，最后使其承认自身并达到自身满意的状态。滕尼斯在共同体研究中深受马克思主义的影响，其共同体理论蕴含在《共同体与社会：纯粹社会学的基本概念》一书中。译者林荣远在滕尼斯《共同体与社会：纯粹社会学的基本概念》一书的前言中认为，滕尼斯的共同体是建立在有关人员的本能的中意或者习惯制约的适应或者与思想有关的共同的记忆之上的。[1]

刘海江根据滕尼斯、涂尔干和韦伯的研究，经过分析并总结出共同体的概念：共同体是个人以平等方式通过得到社会成员普遍认同的社会纽带而结合在一起所

---

[1] 斐迪南·滕尼斯. 共同体与社会：纯粹社会学的基本概念 [M]. 林荣远, 译. 北京：商务印书馆, 1999: 2-3.

形成的社会生活群体。而后他对实践共同体做出定义，即具有社会性质的物质生产生活，就是把不同的个人联系在一个共同体之中的社会纽带和中介。① 林荣远总结的定义远远不能囊括滕尼斯共同体的内涵，而刘海江的定义，尤其是对实践共同体的定义，过于强调平等和物质成分，忽略了成员的等级和精神的成分，如学习共同体、学术共同体等都属于实践共同体的范畴，都是倾向于精神生产的共同体。共同体概念的模糊性，使得人们在运用它时存在争议。研究者将各种特殊的共同体概念描述游离于滕尼斯共同体论述之外，如对学习共同体、科学共同体、法律职业共同体、实践共同体等各种共同体延伸状态的描述，甚至将共同体的形成要素概括为共同目标、身份认同和归属感，这与滕尼斯共同体核心特征的表述有较大偏差。事实上，无论共同体怎样延伸和发展，它的核心内涵是不变的，除非它不再叫共同体。因此，我们要返回到滕尼斯对共同体内涵的表达中去，对阅读共同体做出正确的解读。

滕尼斯在描述了最小的共同体单位（家庭）、最强有力的三种关系（母子、夫妻、兄弟姐妹）之后，开始论述共同体形成的核心特征。首先是意志。在意志的描述中，滕尼斯没有完全将意志解释得明确清晰，他想要表达的共同体意志应该是人生的追求，一种对幸福生活的追求，是在辛苦劳作之后对生活的享受而带来的巨大幸福感。这种追求要有强大的意志力作为支撑。如果追求最大的幸福，必然要承受最大的痛苦，拥有最大的、最罕见的力量。因此，滕尼斯这样描述：与从这种关系中得到较大的享受相适应的是，为这种关系付出更沉重的劳动，这就要求用更大的或更稀罕的力量来支撑劳动。滕尼斯将意志置于共同体的首位，可以这么认为，没有意志支撑的群体、没有对美好生活向往和追求的群体、承受不了沉重劳动方式的群体，是不足以成为共同体的。在意志面前，其他一切关系都为意志而效劳，其核心就是共同体成员相互之间的共同的、有约束力的思想信念，这个思想信念被滕尼斯解释为默认一致。意志是贯穿在整个共同体成员所有行为中的核心特征。

其次是权威或威严，它们是支撑意志的精神力量。滕尼斯这样描述：有一种优越的力量，它被用于下属的福利或者根据下属的意志实施，因此也为下属首肯。这种威严包含3个方面：年龄的威严、强大（包含权力和力量）的威严、智慧或者智力的威严。应该说这3种威严在行为中存在递进关系，年龄的威严作用力相对较小，而力量的威严相对强大，智慧或者智力的威严处于最高层次。三种威严

---

① 刘海江. 马克思实践共同体思想研究［M］. 北京：中国社会科学出版社，2016：6.

对应的层次为法官、勇士、神职人员，而父亲的身份将这三种威严集于一身。滕尼斯在随后花了大量的篇幅对威严做出论述，并在其他特征的论述中都涉及威严。他认为共同体的所有行为，都是在威严的指导和引领下进行，它必须依赖处于威严地位的成员做出的判断，依靠他们来应对所有的危险和困境。由此可见，威严在滕尼斯的共同体理论中占据着重要的地位。但是，在后来的实践共同体的研究中，威严的特征被逐步淡化了，研究者或多或少地认为，共同体成员必须处于平等地位。这些论述有悖于滕尼斯的初衷，即使纵观所有拥有共同体性质的团体，也都必须有威严的特征存在，没有威严存在的共同体是一盘散沙，不足以承担所有成员寻求美好生活而必须承受的重负。

再次是共同体资源。共同体之间是一种生活、财产上的互相占有和享受的关系，并且共同来保护和捍卫团体的意志。共同的财产/共同的祸害、共同的朋友/共同的敌人，这是滕尼斯对这两对词语无法单独存在的表达，并且他很巧妙地将共同体的资源置于共同体意志之中。共同体资源首先是家族成员的力量和智慧，其次是通过劳动获取的财产，然后是固定而永久的土地和房屋。这些资源形成了共同体成员共同生活、共同居住和共同工作的基础。共同体资源是维持共同体成员持续存在和发展必不可少的组成部分。

最后是共同体制度或者文化。个体与个体之间一旦产生联系，为了避免冲突，就会涉及交往的准则。滕尼斯认为，共同体最初的制度就是家族的大法。他如此描述：家族的大法首先作为家政是重要的。但随着分工的稳定和基于享受的物质分配已经成型，产生的剩余产品就会形成交换。在交换中又形成了一些准则，而这些准则通过威严与默认一致被视为公正的。于是，在最初的共同体中就形成了分工、分配和交换的制度。这些制度有助于共同体的发展。由男人打猎、女人耕种持家等分工劳动而获得的成果聚集于灶火旁，每人得到应有的一份，这些形式成为家族世代变化的持久的生命力，并可以团结成员。可见，制度和文化在共同体发展中起着非常重要的作用。共同体并不仅仅依靠威严或者权威的个人力量来造就团体的幸福，也需要通过共同体制度或文化来推动自身繁荣和发展。因此，由权威或者核心成员建立的有助于共同体发展的制度或文化，成为共同体的重要特征。

以上4种特征是基于滕尼斯的共同体理论总结得出的。只要有共同体形式出现，就会包含这4个核心特征。

## 二、传统的阅读共同体及阅读共同体的核心特征

根据共同体的概念和一般特征,在历史中寻找阅读共同体形成的理论根据,对于发掘阅读共同体核心特征的研究是非常重要的。

### (一)传统的阅读共同体

王余光认为传统阅读存在"经典崇拜"。[1] 人类历史流传至今,人们经常会产生对读书人的崇拜和敬佩之情。从这个意义上来说,阅读共同体本身就存在威严和意志。曼古埃尔在《阅读史》第一章"最后一页"描写了一个阅读共同体的基础模型:每个人都是家庭这个阅读共同体的成员之一。年长者成为教导者和权威,引领儿童和少年进入阅读的世界,整个家庭因为阅读的氛围而进步,其乐融融。然后发展到校园和社会。曼古埃尔在这一章的后面写道:几乎不管在何处,读者社群(阅读共同体)都因其所获得的权威和被感受到的权力而博得暧昧的名声。[2] 产生在西方的阅读共同体,存在着苏格拉底、柏拉图、亚里士多德、奥古斯丁等这样的顶级权威,他们有追求善和真理的意志,也存在以这些人为核心、对来自远古的经验及保存下来的资料进行不断阅读、传承和探索的群体,并建设了大量的让成员聚集在一起讨论的场所。年轻的成员在权威的庇护和指导下阅读,逐渐成为共同体的核心并最终成为权威,一代代传承和更替,从而造就了阅读共同体的不断发展。

如果说基于《圣经》的阅读共同体是西方世界最大的阅读共同体,那么自孔子以后的儒家经典阅读共同体则是中华文明中最优秀、最坚实的阅读共同体。在华夏文明的历史里,一个权威必然造就一个阅读共同体,我们可以把春秋战国百家争鸣中的每一家都看作一个优秀的阅读共同体。权威、意志、资源和文化,这些共同体核心特征,深深地嵌入了每一家的形成和发展中。他们代表的是一种思想,他们的团体就是阅读共同体。在以后的发展中,每一个朝代中出现的名人和权威,都会见证一个阅读共同体的形成和发展。如儒家思想形成过程中,孔子的众多学生跟随孔子,形成一个完整的阅读共同体:他们的意志是追求至善、世界大同;他们形成了以孔子为核心和权威的共同体;不管是周游还是定居,他们都拥有群体发展的资源;他们最终拥有了自己的理念和文化,形成了儒家学派。从董仲舒到韩愈,从二程到朱熹,从王守仁到王夫之,他们领导着一代代儒家文化传承的阅读共同体。

---

[1] 王余光.图书馆阅读推广研究[M].北京:朝华出版社,2015:313.
[2] 阿尔维托·曼古埃尔.阅读史[M].吴昌杰,译.北京:商务印书馆,2002:23.

## （二）阅读共同体的核心特征

在考察历史上的阅读共同体之后，可以发现，阅读共同体的核心特征源于共同体。意志、权威或威严、资源、制度或文化，在阅读共同体中作为重要特征得以体现。阅读共同体并不是追求物质生活丰富的共同体，而是追求在精神层面得到安慰、平和和宁静，从而形成满足感的共同体。阅读共同体和其他共同体的不同之处在于，阅读是一种精神上的行为和享受，是为了获取改变自己或者团体精神世界的力量的行为。因此，相较于其他共同体，有一种支撑起阅读共同体的最重要的东西，这种东西不是此刻存在的，而是从远古一直流传下来的指导共同体成员行为的关于精神层面的东西，它超越了所有此刻存在的人、物和环境。它就是阅读共同体所有成员必须阅读和掌握的最高精神层面的知识，是阅读共同体的圣典。

圣典的形成要经过漫长的过程。所有阅读共同体的圣典都是由共同体成员在为了维护共同体利益、保证共同体不被分裂，而与不同信仰的其他共同体进行思想上搏斗的胜利中形成的。对圣典进行有利于阅读共同体生存和发展的解读，是维护阅读共同体生存和发展及其精神层面坚定性的最强有力的方式。因此，一个民族有一个民族的圣典，一个团体有一个团体的圣典，一个地域有一个地域的圣典。圣典一旦形成，阅读共同体也随之形成，精神层面的堡垒开始筑立。在对圣典的阅读、深入研究，使其和现实相结合的过程中，每个阅读共同体培养了一代又一代的权威，使之成为一代又一代的阅读共同体的领袖。这些权威为圣典的阅读和解读而建设讲学堂、书院以及提供拥有赖以生存的土地等，并为成员的成长和发展建立了相关的阅读制度和文化，以此继承、传播和发展来自圣典的思想。可以说，在阅读共同体中，圣典代表一切，它促使了成员的意志、权威乃至资源和制度与文化的形成。以圣典为成员的阅读内容是阅读共同体与其他任何共同体相区别的最重要的特征。

阅读共同体是在共同体理论基础上发展形成的精神共同体，其核心特征包含阅读共同体圣典、意志、权威或威严、共同的资源、共同体制度或文化这5个部分。基于此，阅读共同体概念可以表示为：阅读共同体是阅读、解读成员共同认可的圣典，并以捍卫、传承和实践圣典思想为核心行为的共同体，它是具有捍卫圣典、追求至善的精神意志，以权威或威严引领的、为提升成员与阅读相关的所有能力（包含阅读、思考、文字或口头表达等）、塑造成员精神品质，并拥有和分享共同资源、建立符合自身发展的制度或文化的坚固的、不断发展的群体组织。

## 三、阅读共同体构建实践

共同体以其强大的凝聚力和成员拥有浓厚的归属感，成为人类在个人难以解决社会困境和危机的推动下、为促进和完善成员的个人意志、从而实现团体最大效益的有效路径。阅读共同体有助于解决目前全民阅读推广活动宽泛但效果不佳的问题。只有圣典才具有构建阅读共同体的功能，才能使一个阅读群体长久保持着凝聚力和向前发展的向心力。因此阅读共同体的实践构建要注重阅读内容的选择、阅读形式的固化和阅读共同体文化构建这3个方面。

### （一）阅读内容的选择

阅读内容对于阅读推广活动效果的影响力是最持久的。范并思认为，图书馆促进全民阅读的目的是读者阅读习惯的养成、阅读和写作能力以及完整表达能力的提升。从这个角度来看，阅读内容的选择无疑是重要的。[1]王余光认为，阅读活动的对象是阅读内容，阅读的基础是文本，因此，首先要明确文本内容的选择。在内容的选择上，他给出了阶梯式阅读的建议：中小学生熟读《唐诗三百首》《古文观止》，大学生读《史记》《论语》《诗经》。[2]王波认为，高校图书馆应重视阅读内容的选择，应为学生开出好的推荐书目。[3]根据心理学的元认知理论来说，读者并不具有对经典在思想高度上的元认知，导致读者在阅读时产生对经典思想的模糊认识。比如说读《百年孤独》，大部分读者读完一遍之后都知道布恩迪亚家族七代之后就消失了，但对于它为什么消失，多数读者非常迷茫。如果没有前期的知识积累，这本经典的阅读效果就打了折扣。另外，读者不可能将这样一本书背下来，等到以后有了知识积累再来理解。布恩迪亚家族为什么消失？这需要用哲学社会学知识来理解。一个团体消失的主要原因是缺少不断更新和进步的精神支柱，没有精神支柱就像没有根，难以持久。在《百年孤独》里，布恩迪亚家族在遇到发展困境时企图用外来的人带来的羊皮卷作为家族的精神支柱，但小奥雷里亚诺最终没有解读出羊皮卷中的知识，家族赖以生存和发展的唯一依靠是祖母乌尔苏拉创造的财富，随着祖母乌尔苏拉去世，唯一能支撑家族生存的资源消失了，家族也随之灭亡。可以这么认为，如果《百年孤独》是一种经典，那么它只能是哲学社会学经典中某种思想的外在体现，而能表达出这类思想的题材有很多，因此，要使读者理解这种思想，必须去寻找它的根。在经典阅读推广中，

---

[1] 范并思.图书馆学与阅读研究［J］图书与情报，2010（2）：1-4.
[2] 王余光.中国经典需重视精读［N］.新华书目报，2019-07-26（10）.
[3] 王波.高校图书馆阅读推广中的新生教育书目［J］.图书情报研究，2015（2）：3-15.

我们发现，大量被认为经典的书，都存在着这样的现象，如《悲惨世界》《平凡的世界》等，其中展现出来的善良、正义、诚信等价值观，都是表面现象，无法对读者形成一种在生活中具有长期影响力的效果。究其原因，这些事件、人物的塑造，只是某种价值观的枝叶般的表现。

因此，构建阅读共同体，选择的阅读内容必须是圣典，它就是根，是能够像座右铭一般镌刻在读者心中、体现所有正确价值观的阅读内容。事实上，在阅读推广实践中我们发现，提升读者的人文素养，传承人类文明，其实只要反复阅读、读通一种书或者一类书就够了，这类书就是阅读共同体圣典。读通这些圣典，再去阅读其他的书，理解和掌握其中的思想就会变得容易。

### （二）阅读形式的固化

阅读形式是读者在阅读时针对自身能力的提升而选择的阅读方式。古代人对阅读方式是非常看重的，这些方式显示出他们对阅读内容的敬畏感和神圣感。朱熹在训诫弟子读书时这样教导："敛身正坐，缓视微吟，虚心涵泳，切己省察。"[①]这是朱熹要求弟子读书时要有虔诚的态度。曾国藩在告诫家人时要求采用以下读书方式：《史记》《汉书》《近思录》等书适合看，《诗》《书》《易》《左传》《昭明文选》等书需高声朗读。[②]这些古人的阅读方式值得借鉴。目前，阅读推广活动的形式越来越专业化，并且专业化的阅读形式有助于各种能力的提升。很多专业化形式的阅读推广活动在不断推进，如武汉大学的抄书活动、沈阳师范大学的朗读活动、南京艺术学院的经典诵读活动等。巩固这些专业化阅读形式，对于读者能力的提升是非常重要的。以专业阅读形式的阅读共同体正在逐步建立，如黑龙江大学刘冬颖打造的《诗经》吟唱读者群、上海科技大学刘勋的《左传》读者群、熊春锦的《道德经》诵读班、鲍鹏山创建的以诵读《论语》《孟子》为主的浦江学堂等，都是通过专业化的形式进行阅读推广，并长期坚持，从而培养了读者的阅读习惯，提升了读者各方面的能力。

### （三）阅读共同体文化构建

文化是满足人类对精神需求的一种表现。说一个人有文化，是对他的赞美与肯定。组织有组织的文化，地方有地方的文化。文化是使一个群体能持续发展的重要标志。阅读推广要持续下去，需要有阵地。很多具有浓厚阅读气氛的文化阵地在这些年的阅读推广活动中得以建立。中国图书馆学会阅读推广专委会的网站、

---

① 黄士毅.朱子语类汇校（一）[M].徐时仪，杨艳，汇校.上海：上海古籍出版社，2014：183.
② 王余光.图书馆阅读推广研究[M].北京：朝华出版社，2015：76.

江苏高校图工委阅读推广委员会《书林驿》杂志等都是阅读推广的文化阵地。这些文化阵地能发布消息、树立阅读榜样、推荐阅读内容等，展现出各种各样的功能，成为读者相互联系的纽带。阅读共同体持续发展的重要支撑纽带就是阅读共同体文化。因此，构建阅读共同体文化是一项非常重要的工作。首先，创建阅读共同体发展的空间文化。王余光先生认为，创建经典阅览室是人文通识教育的重要途径。因此，在图书馆建设环境优雅的经典阅览室是阅读共同体建设的重要空间阵地。打造好阅读空间，使之成为阅读共同体成员聚集的常用之地，可以让所有成员有家一般的感觉。阅读共同体的空间文化建设主要包括阅读共同体活动场所、阅读共同体阅读场所、阅读共同体圣典资源布置等。其中阅读共同体圣典要展现其各种版本及其历史、历代对圣典的解读以及对圣典的各种研究成果的汇集。公共图书馆以书院模式开展中华传统文化推广的书院建设，如福建省图书馆正谊书院、大连图书馆白云书院、山东省图书馆尼山书院等，就是非常出色的阅读共同体空间文化建设榜样。其次，制定阅读共同体制度。这些制度包括阅读共同体管理条例、阅读共同体成员发展策略（包含成员的档案建设等）、阅读共同体成员奖惩条例、新成员招募条例等。在活动的开展上，拟订活动开展的流程，包括活动如何策划、如何实施和总结等。这些制度能使阅读共同体的活动和发展变得有序，并能使成员在阅读共同体中按照制度的要求获得帮助和提升。最后，阅读共同体成果展示文化。成果展示有助于激励成员的积极性，形成一种榜样的作用。成果包含成员获得的奖励、荣誉、典型事迹、各种写作演讲与表达的创作成果等。阅读共同体成果的展示形式有很多种：一是以新闻、海报的形式进行宣传，二是制作文化墙进行展示，三是编辑印刷专辑，四是召开成果表彰大会进行表彰。

　　文化的建设能使阅读共同体展现出一种生气勃勃的态势，是促使阅读共同体持续不断地更新和发展的重要内容与手段，更能使成员产生浓厚的归属感和凝聚力。

　　阅读共同体建设是全民阅读推广向纵深发展的一种体现。目前，全民阅读推广下的阅读共同体要建立在理论自信和文化自信的基础之上，以社会主义核心价值观的传承与发展为核心，找准阅读内容，寻找解读权威，建设阅读环境，形成阅读共同体制度与文化，才能一代一代永不消逝地传承下去。

# 第四章　全民阅读视域下高校阅读疗法相关研究

本章主要内容为全民阅读视域下高校阅读疗法相关研究，详细介绍了3个方面的内容，分别是阅读疗法基础理论、阅读疗法宣传推广和阅读疗法在大学生团体辅导中的应用。

## 第一节　阅读疗法基础理论

### 一、阅读疗法的概念

#### （一）阅读疗法的词义

关于阅读疗法（bibliotherapy）一词的起源，目前公认的说法是，1961年美国研究者塞缪尔·麦克乔德·克罗色尔斯（Samuel Mccord Crothers）在《大西洋月刊》（The Atlantic）上发表的《文学门诊》一文中首次创造了阅读疗法一词。"bibliotherapy"是由希腊语的"biblion"（图书）与"oepatteid"（医治或治疗）组合起来的一个复合词，直译成汉语就是"图书疗法"。这个词的发明标志着阅读疗法在西方的兴起。在英语中，"bibliotherapy"还有几个同义词"reading therapy" "reading treatment" "reading cure" "reading healing"，这几个词都可以翻译成"阅读疗法"。一般情况下，美国学者偏向于使用"bibliotherapy"，英国学者更喜欢用"reading therapy"来表达，而我国学者王波则倾向于使用"reading therapy"一词。他认为，"bibliotherapy"一词中因为"biblio"这个前缀不常见，致使该词显得生僻，还因为目前收录"bibliotherapy"的词典不多，读者不容易查到该词的词义。另外，"bibliotherapy"的直译是"图书疗法"或"书籍疗法"，根据联合国教科文组织的规定，只有页码在48页以上的印刷品方可称之为书，那么从治疗学的角度来说，"bibliotherapy"的内涵过窄，容易产生歧义。与此同时，另一个表示阅读疗法的词"reading therapy"意思就很明确，范围也大得多。哪怕只是一篇简单的短文、一首诗，只要是按照一定的医学治疗原则选择出来的，利用阅读辅助心理调节，从而达到治疗疾病的目的的，都可以称作"reading therapy"，也就是"阅读疗法"。

"阅读疗法"的优势体现在两个方面：第一，"阅读疗法"一词本身涵盖面比较广，可用于众多领域，如阅读学领域、出版领域、教育领域、社会学领域、医学及心理学领域等。阅读疗法已经引起这些学术领域相关专家的注意，有希望成为新的学科生长点，并引领新的读书热潮，为建设书香社会增添力量。第二，"阅读疗法"在国外盛行已久，采用"reading therapy"这个词既是对英国学者的呼应，在某种程度上也是与国际接轨。

美国国家医学图书馆研制的《医学主题词表》（Medical Subject Headings，简称 MeSH，2004 年版）将"bibliotherapy"作为主题词收录在内。MeSH 是生物医学文献进行主题标引以及检索生物医学文献数据库的指导性工具，目前也是世界上公认的生物医学领域的权威性词表。

除此之外，阅读疗法已经是医学领域、图书馆学中的一个专有名词，甚至是相关文献检索的主题词或关键词。在美国等一些阅读疗法发展比较成熟的国家，它的使用更为频繁，且侧重于医学治疗，是康复疗法和心理疗法中的一种。

在汉语中，阅读疗法也可以叫作"读书治疗""图书疗法""书籍治疗"，它侧重于用"阅读"这种行为来辅助治疗，使用的材料可以是图书、视听材料甚至聆听讲述等。阅读疗法词义明确，涵盖面宽，是一个开放的有极大拓展空间的词汇，所以在我国也将"阅读疗法"作为专业术语，"图书治疗""读书疗法"等作为补充性的检索词汇。

### （二）阅读疗法的定义

什么是阅读疗法？关于阅读疗法的定义，目前国内外还没有统一的说法。各国学者给出的定义是不同的，下面几种定义更具有代表性。

1. 国外具有代表性的定义

（1）1961 年，《韦氏第三版新国际英语词典》收入"阅读疗法"一词，并做出两种解释：第一，用有选择的读物辅助医学与精神病学的治疗；第二，通过指导阅读，帮助解决个人问题。

（2）1974 年，《道兰氏图解医学词典》（第 25 版）将阅读疗法定义为利用书籍治疗精神疾病。

（3）1996年，美国出版的《图书学情报学百科全书》给阅读疗法的定义是："阅读疗法就是在疾病治疗中利用图书和相关资料辅助治疗的方法。它是一个与阅读有关的选择性的活动，这种阅读作为一种治疗方式是在医生指导下，有引导、有目的、有控制地治疗情感和其他方面的问题。"

（4）美国阅读疗法研究权威罗宾（Robin）在其所著的《阅读疗法应用——理论和实践指南》一书中将阅读疗法定义为："以媒体和读者之间的交互作用的过程为基础的一种活动计划。不论利用虚构的或非正式的印刷或非印刷资料，皆需有指导地给予讨论与协助。"

2. 国内具有代表性的定义

（1）所谓"阅读疗法"，就是通过应用医学、心理学、生理学的理论和检测方法，图书馆从业人员解读到读者（既包括一般读者，也包括有阅读治疗需求的患者，后文不再一一备注）的阅读需求，适时推荐合适的图书，对其进行阅读指导的心理治疗方法。最终能够改善读者的不良情绪，增强其战胜疾病的信心，使读者的心理状态和行为方式趋向健康，能够辅助读者减轻病痛，提高治疗效果。

（2）阅读疗法是通过向读者推荐一些有益的相关书籍，使读者通过独立阅读或在治疗者指导下阅读，以缓解或消除心理疾病，促进身体健康，提高工作和生活质量的一种心理治疗方法。

（3）阅读疗法是指通过指导人们有选择地默读或朗读书面文本或电子文本的形式，来促进人们心理素质健全的心理治疗方法，它具有治疗、预防和发展三项心理功能。

（4）阅读疗法就是以文献为媒介，将阅读作为保健、养生以及辅助治疗疾病的手段，使自己或指导他人通过对文献内容的学习、讨论和领悟，达到养护或恢复身心健康的目的的一种方法。

根据上述国内外有关学者给出的定义，我们可以将阅读疗法的定义分为广义和狭义两个方面。广义的阅读疗法根据客体不同分为三3个方面：第一，对于有精神障碍的读者，阅读就是药方，起到安抚情绪、抚慰心灵的作用。第二，对于受生理疾病折磨的读者，阅读可以是一种辅助治疗手段。通过阅读能够转移读者的注意力，增强其抵抗疾病的信心，帮助治愈生理疾病。第三，对于普通人来说，合适的阅读能够提升人格和完善自我，使其始终保持一个健康的心理状态。

阅读疗法的4个要素是患者、治疗师、书籍、阅读。患者包含的范围比较广，可以是病患，也可以是健康的普通人；治疗师是实施阅读疗法的人，既可以是医护人员，也可以是图书馆工作人员甚至患者本人；书籍可以是任何形式的，包括纸质印刷书籍和数字出版物，也可以是网络上的文章等信息资源；阅读就是患者阅读书籍或其他资料的行为过程。阅读疗法的4个要素中，前3个要素是物质要素，看得到、摸得着，最后一个阅读要素是一个无形的动态发展的过程。4个要素的内涵、外延及特有的功能是不一样的，它们是一个有机统一的整体，只有结合起来才能充分发挥作用，完成对患者的阅读治疗。

## 二、阅读疗法的原理

阅读疗法要研究的是阅读疗法形成的原理和机制。从不同角度、不同学科入手加以考察，会发现阅读疗法的原理虽各不相同但又具有内在的联系。

### （一）发生学原理

发生学的逻辑：事物最初的起因是什么，它会一直保持最初的目的天性，并且会始终发挥某些功能为起因服务。例如，如果某书籍是为了某项治疗而编写的，那么阅读这本书的行为先天就有治疗功能。

从人类社会的起源看，人类面对大自然时，会产生害怕、无助、敬畏等精神反应，人类需要精神支柱和价值体系抵御精神危机，这时候，宗教、哲学、文学等人文学科应运而生。而在阅读疗法以往的实践中，治疗所选用的书籍大多是人文科学领域的。从中我们发现，人文科学本身是出于精神治疗的目的产生的，它先天具有治疗功能，那么人文科学的载体——书籍和其他读物，自然带有治疗的功用。

人类历史发展的种种迹象告诉我们，文学、宗教、哲学等人文学科与精神治疗是紧密相关的，这种相关性从人类社会之初就有了。随着社会发展，人文学科的研究在不断进步，哲学治疗史和宗教治疗史未来一定会引起哲学宗教领域专家的关注和重视。阅读疗法的研究则是博采众家所长，以阅读作为主线，把不同的学科与人类精神治疗相关的部分剥离出来，站在宏观视角研究阅读作为治疗辅助手段的作用和效果。

### （二）心理学原理

心理学发展到今天流派众多，体系各异。不同的心理学家所持的观点也有所不同，但是都能对阅读疗法的作用机理做出合理的解释。心理学中的共鸣、净化、平衡、暗示、领悟等学说尤其适合解释阅读疗法的原理。

1. 共鸣说

所谓共鸣，指的是人在和外部世界产生联系时，如欣赏文艺作品时，会事先在大脑中形成期待，有意识或者无意识地将自己的经验、情感等与作品中的人物重合，期望能找到共同点，产生精神和情感的共振，获得情感的支持，帮助自己从现实的精神焦虑和情感障碍中解脱出来。共鸣在阅读时是很常见的，同时，共鸣也是阅读疗法的第一步。读者选择阅读对象时，如果对内容毫无感觉，无法产生共鸣，说明选择的读物是不适合自己的，无法起到治疗的作用，需要重新选择更适合的读物。

2. 净化说

所谓净化，是指在欣赏文学作品的过程中，读者与作品中的人物有了灵魂上的沟通和契合，读者的情绪得到了调节和安抚，使其进入一种不良情绪被排解后平静升华的感情状态。根据弗洛伊德学派的理论，将净化和精神结构学说联系起来，我们可以认为读者在作品设定好的情景中体验人物的悲伤、恐惧等情感时，此类自我情感也会向外释放，并通过和悲剧人物的共鸣使心灵受到净化。人的精神世界就好比电脑系统，运行久了总会产生一些垃圾信息需要清理。阅读悲剧作品，能够通过净化使读者释放掉精神上的垃圾情感，使读者的心灵回归最初或重新启动，保证人体健康地运行。

3. 平衡说

平衡学说的核心思想：人是生活在社会中的，无时无刻不在通过各种事件与他人建立各种关系。当我们和他人或者事物之间的关系处于一个失衡状态时，就会产生不愉快的情感体验。不愉快的情感体验会驱使人采用竞争等方式制造或者参与一些事件，以此来改变不平衡的状态。但是，如果这种状态一直持续下去，人的不愉快体验感被拉长，情感郁积，人就会产生精神方面的疾病。阅读的作用就在于，它能够使人们进入虚拟的精神世界，通过虚拟精神世界里的人物和事件，找到现实中的平衡和精神的愉悦，从而获得精神上的康复。

正因为如此，平衡说和净化说有了相通之处。它们的共同点在于：通过阅读悲剧作品，和书中人物产生精神情感上的共鸣，以此来消解自我精神上的郁结，排解掉不良情绪，达到预防和治疗精神疾病的目的。

平衡说和净化说两种说法都是以悲剧作品为基础的，悲剧意味越浓的作品净化心灵和平衡心理的效果就越好。这种原理也叫作"饱和疗法"，其治疗方法是对于遭遇重大挫折的人，推荐他阅读更多的悲剧作品，通过阅读能够安抚情绪，心灵上得到净化，在作品中找到心灵上的平衡，最终使其能够面对现实中的压力，以避免情绪崩溃。

4. 暗示说

所谓暗示，就是不用特别说明，通过语言或其他手段使患者在潜移默化中接受某种信息或观念。它也是效果较好的心理疗法之一。通过医疗实践中的经验，我们得知医护人员及病患家属的语言、表情、动作都会给患者带来积极或消极的暗示。阅读也具有暗示的功能，包括他人暗示和自我暗示。

他人暗示指的是阅读读物是其创作者思想的体现，阅读读物大多数情况下通过他人的推荐和提供为读者所知；自我暗示是指读物有时候是读者自己选择的，读者选择读物的过程就说明了其对自身的态度，这也是一种自我暗示。

两者相比较而言，自我暗示更重要，因为它贯穿于整个治疗过程当中，也是一种内在的心理暗示，比他人暗示起到的作用要大得多。因此，治疗师在指导患者进行阅读时，应努力启发患者正确发挥自我意识的调节能力。

5. 领悟说

所谓领悟，是指读者通过阅读，经历过一系列共鸣、净化等情感体验之后，对作品深层次意义的思考，这种主动的思考就叫作领悟。人在思考过程中一旦有所突破，就如同被智慧击中，精神就会得到一定程度的升华，仿佛进入另一种生命境界，对世界的认知有种豁然开朗的感觉，甚至达到忘我无我的境界。通过阅读，人会获得新的人生哲理，这个过程就是领悟。

对于读者来说，领悟并不容易做到。只有少数知识储备丰富并且勤于思考的人才能达到这样的境界。更多的读者止步于共鸣和净化。所以，阅读疗法的效果以领悟为最佳，净化次之，共鸣更次之。

## （三）生理学原理

阅读疗法的科学性在于它是建立在心理学原理和生理学原理双重基础之上的。

阅读疗法的生理学原理，是指阅读活动首先是一种生理活动。阅读首先要通过眼睛对文字符号的感知，然后由传入神经把信息传至大脑，再经过大脑皮层的神经网络对信息进行识别、校正、改造、重组、联想等一系列复杂的综合性活动，才能最终完成阅读这一行为。

人脑特有的高级功能之一就是阅读，它的实现依赖于人脑中各个专门化区域的协调活动。要想保持头脑阅读功能的发挥，需要多读书、勤用脑，加快脑细胞的新陈代谢，才能保持和加强人脑的功能，防止其老化。相对于青壮年，阅读的治疗效果对于老年人和婴幼儿更加明显一些。

从用进废退的角度看，阅读不仅帮助人类开发智力、提高生存和竞争能力，还是强心健脑的验方良药。

### （四）心理生理学原理

阅读是一个复杂的过程，它引起的人的心理反应和生理反应是交织在一起的。阅读疗法的一些作用和机理很难区分到底属于心理学范畴还是生理学范畴，这种情况下，我们将其归入阅读疗法的心理生理学原理范畴。心理生理学原理最为典型的是审美生理运动说、冥想说及情志相胜说等。

审美生理运动说是美学家朱光潜在《从生理学观点谈诗的"气势"与"神韵"》一文中提出的观点。他认为一首诗的好坏取决于它是否符合人体生理运动规律。好的诗歌能够引起读者的3种生理变化：①语句的节奏顺应了人体的呼吸、消化、循环等系统的节律；②诗歌所描述的场景让人如身临其境，或使人在自我想象中化身为某一主角，举手投足皆有模拟的冲动；③诗歌中描绘的场景动人心魄，让人产生本能的身体运动反应，如侧耳倾听、抬头仰望等。

冥想说以日本医生春山茂雄为代表。他认为西方医学虽好，却不足以治疗所有疾病。治疗需要整体化，就要将其和东方医学进行结合，形成一种新的医学模式。他提出了"脑内吗啡"的概念，认为针灸、气功、冥想这些东方的医疗手段能促进大脑分泌一种叫作"脑内咖啡"的荷尔蒙，这种"脑内咖啡"能够通过主导情绪改变人的精神状态，从而在人体内形成一种任何治疗都无法比拟的"荷尔蒙工厂"，激发人体本身的自然治愈力，收到防病治病的效果。

情志相胜理论最早见于《黄帝内经》，后经过各代医学家不断深化和系统化研究而形成。成就最大的是金代的张子和与元代的朱丹溪。其基本理论：人体系统可归纳为肝木、心火、脾土、肺金、肾水五大体系，它们是依次相生的关系。人体五脏分别对应木、火、土、金、水5种元素，它们之间依次制约。人的精神情感因素也归于此，悲属肺金、怒属肝木、思属脾土、恐属肾水、喜属心火，情志相胜就是根据五行的制约关系，当一种情志过盛导致疾病时，用另一种与它相克的情志来冲淡、抵消、纠正之，从而达到治疗的目的。

阅读疗法的科学性不仅体现在阅读活动对于人类身心疾病的治疗上,更重要的是阅读过程既能带来共鸣、净化、平衡、暗示、领悟等各种复杂的心理活动,又可以调节五脏六腑的功能,达到调节情绪、锻炼器官机能的目的,从而收到保健祛病的效果。阅读能够治疗疾病,就是因为它带给读者的情感体验消除或减弱了读者郁藏于心中的不利于身心健康的情感,从而缓解读者的病情,这就是阅读疗法的作用机制。

阅读过程本身就是一个思考的过程,读者在书籍的引导下不断提高对人生、社会、生命、疾病的认识,提高对自身的认识。再加上书中美好、欢乐情绪的感染,读者的心态变得乐观安详,从而收到意想不到的治疗效果。

## 第二节 阅读疗法宣传推广

宣传推广是一种沟通和传递方式,只有通过反复的宣传,事物才能被人们所了解和熟知,才能得到重视和支持,阅读疗法也不例外。阅读疗法能够产生积极的治疗效果,这是显而易见的。只有在更大的范围内应用,才能使它发挥更大的作用。因此,要加大宣传力度,运用各种方式大力宣传阅读疗法的作用与基本知识,创造良好的舆论氛围,使更多的人了解阅读疗法,认识阅读疗法的重要性。这也是应用和推广阅读疗法的前提。

### 一、阅读疗法宣传推广的要素

宣传推广即扩大事物使用的范围或作用的范围,阅读疗法的宣传推广是将阅读疗法向更广的范围传播,使更多的人知晓并了解阅读疗法,成为阅读疗法的受益者。阅读活动从本质上可以归结为一种传播活动,在这里我们引入传播学的理论,对阅读疗法宣传推广的内涵进行分析。从传播学的角度讲,阅读疗法宣传推广活动包括5个要素:推广主体(Who)、推广内容(Says What)、推广渠道(in Which Channel)、推广对象(to Whom)和推广效果(with What Effects),即著名的拉斯韦尔5W模式理论。下面解析各要素的具体内容。

#### (一)推广主体

推广主体回答的是"谁来进行宣传推广"的问题。阅读疗法的宣传推广主体包括政府机构、以图书馆为核心的团体组织以及个人等。目前,我国还没有专门的阅读疗法宣传推广的政府机构，但2009年成立的中国图书馆学会阅读推广委员会对阅读疗法的推广起到了一定的促进作用。现阶段，我国阅读疗法的宣传和推广的主体主要是由以图书馆为核心的团体组织发起的，组织协调相关部门和对阅读疗法感兴趣且愿意致力于阅读疗法研究的个人作为共同推广人。高校图书馆既是高校的组成部门，又是文化教育机构，在阅读疗法推广中扮演着重要的角色。

### （二）推广内容

推广内容要解决"推广什么"的问题。阅读疗法推广的内容一般包括：阅读疗法的职能、作用、性质，阅读疗法的任务、发展动态、实施，阅读疗法的重要性、优势、服务效果（成功案例），相关读物，图书馆的活动，等等。同时，人们还将其与心理健康教育相结合，以便患者加深对阅读疗法的了解和接受程度，培养其自觉、有效地利用图书来预防和调适各种心理问题的兴趣和习惯。

推广内容的载体包括传统纸质文献、电子文献和"真人图书馆"（Living library）。

### （三）推广渠道

推广渠道是指采取什么推广媒介和方式向推广对象推介阅读疗法，解决的是推广手段的问题。此部分内容将在后文详细阐述。

### （四）推广对象

推广对象解决的是"向谁推广"的问题，是阅读治疗主体希望干预产生效果或达到预期目标的对象。从广义上讲，阅读疗法宣传推广的对象是所有人，包括健康人群、亚健康人群和病人。虽然他们是阅读推广活动的对象，是客体，但却是宣传推广活动最重要的参与者，是阅读疗法得以存在的基础，没有了这些对象，阅读疗法就变成了空中楼阁。在不同的空间范围内，阅读疗法宣传推广的主要对象也不尽相同，如高校的主要推广对象是大学生，医院的主要推广对象是病人，公共图书馆的主要推广对象是弱势群体，等等。

### （五）推广效果

推广效果是对宣传推广效果的评价。阅读疗法的宣传和推广效果体现在阅读疗法的参与度以及接受阅读疗法后达到预期目标的程度两个方面。评价使宣传推广方案更加科学、有效，更好地实现阅读疗法宣传推广活动的目标。

综上所述，阅读疗法的宣传与推广是推广主体、推广内容、推广渠道、推广对象等要素在一定时空范围内设计、组织和整合的结果，通过它们之间的相互联系和作用，让阅读疗法成为人们预防和治疗心理疾病、愉悦身心的一种新选择。

## 二、阅读疗法宣传推广的必要性

### （一）宣传和推广阅读疗法是辅助治疗身心疾病的需要

当今社会正处于蓬勃发展时期，随着经济的快速发展，各种文化思潮的碰撞、虚拟网络空间的冲击以及快节奏的社会生活和就业压力使得人们的心理健康问题变得日益突出，甚至对人们人格的发展产生了很大的影响。尤其是大学生群体，他们的身心尚未完全成熟，自我调控能力弱，却面临着一系列重大的人生课题，如大学生活的适应、专业知识的学习、交友恋爱、择业就业等。他们常常会产生强烈的心理冲突，进而变得焦虑，甚至会产生心理障碍。调查研究发现，有了心理问题，一些大学生首先会想到通过读书寻求解决心理困扰，其实这便是阅读疗法的一种表现，它是调适和化解大学生心理障碍的一种重要而有效的方式。但是这种散在的阅读疗法缺乏系统性和科学的指导，达不到理想的治疗目的。因此，开展阅读疗法宣传和深入推广势在必行，通过更大范围人群的研究和实践，使之更加系统化、科学化和有效化。

### （二）宣传和推广阅读疗法是医生获取有效治疗方法的需要

随着文化素质、健康意识的提高以及医学模式的转变，人们所追求的不再仅仅是生理上的健康，心理上的健康越来越受到重视。在医院，阅读疗法是利用阅读图书达到治疗疾病的目的的一种方式。通过向患者推荐一些有益的相关书籍，让患者独立阅读或在治疗者指导下阅读，使患者进行心理调整和辅助医学治疗，以缓解或消除心理疾病，促进身心健康，提高工作和生活质量。因此，阅读疗法实际上是心理治疗的一种，它的主要职能是有目的地培养患者的意志力量，帮助其建立战胜疾病的信心；改善患者的情绪，排遣起因于疾病而产生的抑郁或焦虑情绪，从而达到康复的目的。所以，医院图书馆开展阅读疗法是完全有必要的。然而在现阶段，治疗疾病的方法还是以药物为主，阅读疗法及其在身心疾病治疗中的作用还不为大多数医生所知晓（即使知晓也想当然地认为阅读疗法是图书馆的工作，不会有治疗效果等），这严重阻碍了阅读疗法的应用。所以，必须在医院、医生中大力宣传和推广阅读疗法，使更多人了解阅读疗法，应用阅读疗法辅助疾病的治疗。

## （三）宣传和推广阅读疗法是图书馆服务功能拓展的需要

一提到图书馆，大多数人更多地联想到借书、还书、期刊阅览。不了解图书馆的功能、性质、作用和深层次服务的人还有很多，而不善于利用图书馆、不习惯利用图书馆的人也不在少数，公众与图书馆之间缺乏正确的了解。在知识经济环境中，读者对文献信息的需求在不断变化，这就要求图书馆的服务也要不断创新，保持与读者需求相一致，主动提供一系列深层次的创新服务。推广阅读疗法正是顺应这种趋势的深层次服务之一。因此，图书馆工作人员应当充分开发和利用图书馆丰富的文献资源，积极宣传和推广阅读疗法，这既能让公众正确认识图书馆，也能让图书馆拓展服务功能，在数字环境下寻求新的发展。

## 三、阅读疗法宣传推广的可行性

### （一）阅读疗法的优势

阅读疗法具有一般心理治疗不可比拟的优势，在宣传和推广的过程中，容易被患者（读者）接受，推广工作更加容易开展。其优势主要表现在：

（1）进行阅读治疗，经济、简便、及时。书刊可随时借阅，尤其是电子资源的出现使人们获取心理知识不受时间限制，还节约了心理咨询费用。

（2）阅读疗法符合中医"治未病"的思想，以防为主，以治为辅，防治一体化，有病治病，无病健心，促进患者心理免疫力的提高，帮助他们掌握调控情绪、发展自我的方法与能力。

（3）医学图书馆开展阅读疗法服务，可以作为广大患者心理健康教育的补充，对尚未开设心理咨询机构的医院来说，更是一种不错的选择。

（4）阅读疗法的研究成果以及在部分单位开展取得的成功经验为阅读疗法的推广奠定了坚实的理论和实践基础。

### （二）图书馆的优势

阅读疗法的宣传、推广以图书馆为主体，因为图书馆具备得天独厚的条件。

（1）图书馆是人人都可以去的场所，到图书馆进行阅读治疗，保密性强，不伤自尊，不泄露隐私，无精神压力和顾虑，进行宣传时读者容易接受。

（2）图书馆具有丰富的心理学、文学、艺术类的书刊资源，这是成功开展阅读疗法宣传推广的前提；此外，图书馆的多种中外文数据库也为获得专业学术资源提供了可能，使患者能够了解与自己病情相关的知识，获得最新的更适合自己的医疗及康复信息。

（3）图书馆幽雅、亲切、轻松的环境氛围，是一般心理咨询机构所不具备的。在这样的环境中阅读，可以放松心灵，更被患者喜爱，能收到更好的治疗效果。

（4）图书馆有一批受过专门训练的高素质图书管理人员，他们的知识背景丰富，具有认真的工作态度和良好的沟通能力，是成功宣传、推广、实施阅读疗法的保障。

（5）医院图书馆在医院内，可方便与医师联系，在医生和患者中宣传和推广阅读疗法；在阅读疗法的实施过程中，还可以随时关注患者的变化，从精神和药物两个方面及时调整患者的治疗方案，有利于患者的早期和彻底康复。

### （三）技术保障的优势

阅读疗法顺利、有序地宣传和推广得益于强大的计算机技术和网络技术的支持。当今社会已进入新媒体时代，新媒体是新的技术支撑体系下出现的数字化媒体形态，数字化技术带给人们的方便快捷是有目共睹的。在阅读疗法的宣传和推广过程中，技术的应用随处可见，如构建网络化平台，采用虚拟社区、BBS、聊天室、网络新闻、网络博客、播客、视频、邮件等多种形式进行信息发布和用户交流，使阅读疗法推广活动在技术应用上更加丰富，更加有成效。这不仅为阅读疗法的推广注入了新的活力，也使其更具先进性和时代性。此外，先进技术所构建的虚拟环境突破了传统宣传方式的时空限制，从横向和纵向两个维度拓宽了阅读疗法宣传推广的范围。

## 四、阅读疗法宣传推广的目标

目标是我们做任何事情最终要实现的结果，只有确立了明确、正确的目标，才能使宣传推广工作更加有方向，也才能对最后实现的效果进行评价。阅读疗法的宣传推广工作最终要实现以下几个目标：

（1）宣传到位，让更多的人认识阅读疗法，了解阅读疗法的原理、作用、优点等基本知识，使人们掌握有关心理健康的知识和调节维护心理健康的技巧，逐步培养人们主动寻求阅读治疗的意识以及及时为自己"对症下书"的能力；使人们充分感受到阅读疗法是一种经济、简便的心理健康教育的好方法，从而调动其主动参与的积极性。

（2）让更多的人了解阅读疗法，进而加入宣传推广阅读疗法的队伍中来。

（3）充分利用与图书馆及医院领导接触的各种机会，为他们介绍阅读疗法的重要作用及取得的良好效果，争取他们对阅读疗法的重视和支持。

（4）通过各种媒体宣传，提高人们对阅读疗法的认识，引起社会的关注。

（5）拓展图书馆的服务职能，使公众正确认识图书馆，提升图书馆的形象和声誉，扩大知名度，从而促进图书馆的发展。

（6）通过宣传和推广阅读疗法，促进阅读疗法的科学研究。

## 五、阅读疗法宣传推广的原则

阅读疗法的宣传推广是一项复杂的、艰巨的工作，没有固定的工作模式。在宣传推广过程中会因推广主体、推广对象以及推广环境的不同而有千差万别的变化。但万变不离其宗，无论是何种情况，进行阅读疗法的宣传推广都要有科学的指导，应遵循以下6个原则：

### （一）系统性原则

阅读疗法宣传推广工作是一项长期的系统工程，需要立足于阅读疗法整体发展的高度系统地进行研究、策划、探索和实践。宣传和推广工作应由专门的宣传机构宏观管理，如宣传和推广方案的策划和制订，工作的部署和实施，宣传资料的制作与发放等。通过统一严格的组织制度、人员培训、管理规范等一系列举措，有组织有计划地进行阅读疗法的宣传和推广工作。

### （二）创新性原则

阅读疗法宣传推广活动不能千篇一律，而应在形式、内容和技术手段上有所创新，尤其是对细节问题的把握更要遵循这一原则。阅读疗法宣传推广的内容和形式应立体化、多样化，有时甚至可以借鉴商业化活动运作模式。比如宣传资料的制作、展览以及讲座的筹划和组织，都要以方便宣传对象、满足宣传对象的需求为目的，突出特色和创新性；在推广媒介上，要充分利用现代化技术手段，引入Web 3.0技术，体现阅读疗法推广工作的时代创新性。此外，创新还指推广主体服务方式的创新。在工作过程中，阅读疗法宣传推广人员要善于打破常规，借鉴其他领域的理念和服务模式（如营销理论和学科馆员服务模式），积极创造机会向更大范围的人群宣传推广阅读疗法。

### （三）协作性原则

阅读疗法宣传推广的最终目的在于向世人展示阅读疗法，宣传推广的空间范围越大，调动的人群越广，效果就越好。阅读疗法服务的专业性、复杂性、艰巨性决定了它的宣传和推广工作是一项系统工程，不是靠哪一个机构或哪几个人的力量就能够完成的。从制订宣传推广方案、组建工作团队、建立宣传网站、成立阅读疗法协会到宣传推广活动开展等涉及方方面面的理论和实践，都需要各相关部门和人员以各种形式协调与合作，调动一切可能的力量，完善工作机制，规范、扎实、有序地开展宣传和推广活动。

### （四）层次性原则

阅读疗法宣传推广的层次性主要是指宣传推广服务的层次性。如前所述，阅读疗法推广的对象广泛，广义上包括所有人群，不同服务对象的需求有不同的侧重点。因此，在进行宣传推广时，应区别对待不同类型的服务对象，注意其年龄、性别、知识背景、身体状况等因素，针对不同人群，根据其不同需求，制订出不同的宣传推广方案。此外，作为宣传推广活动主体的图书馆发展迅速，各项服务不断推出，也为系统全面、层次分明、重点突出地推进阅读疗法的宣传和推广工作提供了保障。

### （五）多样性原则

阅读疗法宣传推广的多样性主要体现在推广内容、文献载体和推广渠道的多样性上。阅读疗法宣传推广工作人员要根据推广对象的具体情况确定不同的宣传推广内容、设计不同的工作形式。同样的内容可以有不同的推广形式，不同的内容也可采用相同的推广形式。

### （六）长期性原则

阅读疗法理念的宣传推广是一项长期而艰巨的任务，是一个逐步的、持续的、渐进的过程。社会环境在不断变化，推广对象的组成和需求在不断变化，图书馆的硬件条件与服务能力也在不断变化。所以，阅读疗法宣传推广不是靠举办一两次活动就实现的，更不存在一劳永逸的宣传推广。因此，我们要建立长期宣传推广的工作机制，制定推广政策，针对不同对象，选择不同主题，有计划、有步骤、扎扎实实地开展阅读疗法宣传和推广活动，使阅读疗法宣传推广工作获得理解和支持，赢得更加广泛的群众基础，实现可持续发展。

## 六、阅读疗法宣传推广的媒介

### （一）宣传推广媒介的分类

阅读疗法宣传推广所采用的媒介和大众传播媒介一致，主要有印刷型媒介和电子型媒介两大类。印刷型媒介即第一传媒，包括传统的期刊、报纸、宣传册、橱窗、展板等；电子型媒介包括第二传媒（广播）、第三传媒（电视）以及第四传媒（网络）。还有学者提出"第五媒体"的概念。"第五媒体"又称新媒体，它是新技术支撑体系下出现的媒体形态，包括数字杂志、数字报纸、数字广播、手机短信、移动电视、桌面视窗、数字电视、数字电影、触摸媒体等媒介形式。但仔细分析其内涵，我们认为"第五媒体"应该包括在第四传媒的概念范围内。

### （二）宣传推广媒介的特点

媒介在宣传推广阅读疗法的过程中发挥着关键作用。不同媒介具有不同的特点，媒介的规模、媒介传播时间的连续性和持久性以及媒介传播的内容都是影响宣传推广效果的因素，因此，在阅读疗法宣传推广中不同的媒介会产生不同的效果。只有充分发挥各种媒介的优势功能，才能使阅读疗法的宣传推广工作更加有实效。这就需要我们在制订宣传推广方案时全面熟知各种媒介的功能特点，有针对性地加以选择、利用。

#### 1. 第一传媒（纸质媒介）

传统的纸质媒介是应用历史最悠久的一种媒介类型，它比较符合读者的阅读习惯，有较强的阅读自由度，而且易于保存信息，便于信息的深度传达；但由于其存储介质的限制，这类媒介存储信息量小、时效性差，更缺乏与读者的互动，用户对信息的获得还要受到时间和空间的限制（如图书馆内的展板、橱窗等，只有到馆才能看到）。

#### 2. 第二传媒（广播）

这类媒介是听觉媒介，它具有传播迅速、信息量大、覆盖面广、时效性强、可移动收听、收听成本低廉等优点；但其信息不易保存、可选择性差，听众对信息的理解容易产生歧义。

#### 3. 第三传媒（电视）

电视（指数字移动电视之前的普通电视）作为一种普及的、广为大众所喜爱的媒介，在信息的传播中发挥了举足轻重的作用。它提供给观众声音加图像的二维信息资源，与第一、二传媒相比，具有信息量大、生动活泼、受众范围广等优点；不过电视的宣传信息仍然不易于保存，其节目受时间的限制，也不能实现与观众的互动。

4.第四传媒（网络）

这一媒介是产生最晚但应用范围最广的媒介。它的时效性最强，信息量最大，信息的形式集图、文、像、声音等多种功能于一体，突破了时间和空间的限制，可有效地实现与用户之间的双向互动；网络媒介的宣传和推广需要有网络传播方式作为技术保障，还要注意网络安全等问题。

综上所述，各种宣传媒介都有自己的特点和一定的适用范围，但无论哪一种媒介，其功能都在于传播信息、引导舆论、教育大众，这与阅读疗法宣传推广所希望达到的目标一致。我们在选择宣传媒介时，应将宣传内容和各种宣传媒介的优缺点综合起来考虑，联合应用。

## 第三节　阅读疗法在大学生团体辅导中的应用

当前的大学生承受了前所未有的压力，由于他们的社会经验不足，人生阅历较少，不能正确认识自我，给自己一个合理定位，在求学期间难免出现各种心理困惑和烦恼，严重影响了他们的心理健康。目前，大学生中存在交际困难、恋爱苦恼、厌学、性困惑、就业压力、自卑、焦虑、孤独、人生目标不明确等心理困扰，这些问题导致一些大学生陷入自卑、抑郁、孤独和焦虑的困境。高校心理健康教育工作越来越受到社会各界的关注，探讨高校心理健康教育的有效方法，提高大学生的心理健康水平，已成为摆在我们面前的重要课题。

阅读疗法作为医学、信息学、心理学、图书馆学等学科的交叉学科，能通过选择阅读书目和指导性阅读帮助大学生解除心理困扰，预防心理问题产生。高校图书馆一直致力于研究如何利用丰富的馆藏资源和良好的环境资源拓展其教育职能。在高校图书馆开展阅读疗法服务，既拓展了高校图书馆的教育职能，又能配合学校进行大学生心理健康教育，弥补目前及今后一个时期内高校心理咨询力量的不足。

# 一、阅读疗法助力大学生心灵成长

## （一）主要方面

1. 加深自我了解，增强自我接纳意识

相传在古希腊德尔菲的阿波罗神庙的石柱上刻着一句著名的箴言："认识你自己。"人们往往不如自己想象的那样了解自己。现如今，社会高速发展，人们更多地忙于自己的工作、生活，没时间去观照自己的内心，从而造成很多的身心疾病。通过阅读，人们能够更观照自己的内心，加深自我了解，同时明确自己的需要，能进一步了解自己的优缺点，对自己的优点感到欣慰，对自己的缺点也能够理解接纳，不会消极抵抗。自我接纳是对自身以及自身所具备的特征所持的一种积极态度，是大学生健康成长的重要前提。

2. 发展自我价值感，提高自信心

发展深度的自我价值感，能够通过阅读实现，也是心灵成长很重要的一个研究方面。低自我价值感的人倾向于摆脱内疚感，他们病态地害怕失败，他们焦虑、心理脆弱。相反，高自我价值感的人能够控制自己和周围事物，他们坦率、愿意冒险。通过阅读历史、名人传记、哲学等方面的书籍，可以培养大学生的自我价值感，提高他们的自信心，这对大学生今后面对工作、生活的挑战也具有非常重要的意义。

3. 培养共情力，促进沟通力

"共情"又称同理心。简单来说，共情是指个体能设身处地地体验和理解他人的情绪状态并产生相似的感受力和理解力的社会情绪反应。共情能力作为一种积极的人格特质对培养大学生的沟通能力、人际交往能力甚至未来的家庭幸福能力，都有非常重要的作用。阅读疗法的心理学原理之一就是共鸣。共鸣的体验最常发生在阅读的过程之中，这是因为"任何作品都可以看作相互对立的内部精神力量的结晶，是若干冲突力量的和谐一致"。[①] 目前中国的大学生大部分是独生子女，他们的成长过程中缺失了与兄弟姐妹的紧密互动，共情能力和沟通能力有待提高。通过阅读书籍，与书籍里的人物进行交流，他们可以了解他人的所思所想，丰富自己的认知和情感体验，积累经验，将其更好地运用到现实世界中去。

---

① 王波. 阅读疗法[M]. 2版. 北京：海洋出版社，2014：19.

#### 4. 完善人格，发挥生命价值

人格是人类心理的一个重要组成部分，人格的完整是我们需要追求的目标。当我们具有完整的人格的时候，才能够让自己和这个世界和谐统一，才能发挥更大的生命价值。当我们接触的人与事物有限时，往往会形成有限的体验和认识，这些有限的认识往往又影响我们人格的形成。通过阅读增长见识，会让我们不断反思，调整自己的行为，从而使我们的人格更加完整，可以让我们的生命价值得到更大程度的发挥。[①]

### （二）机理

#### 1. 调整认知

认知是指人们获得知识、应用知识进行信息加工的过程，这是人的最基本的心理过程。阅读活动本身就是认知建构的过程，也是培养智慧的重要过程。阅读疗法产生作用的过程很大一部分是读者通过读书吸收书里作者的观点，改变自己的认知，从而调整自己对事物的认识，平复自己的情绪，进而改变自己的应对模式。阅读疗法也是心理学中认知疗法的一种。认知疗法中最著名的是 ABC 理论，A（Activating Event）是人的认知、B（Belief）是情绪、C（Consequence）是行为，人的认识产生了情绪，而情绪控制了行为的产生。读者可以通过阅读改变自己对人和事的看法，使情绪得到有效的调整，最终产生有效的行为。

#### 2. 丰富情感

情感是个体对待他所认识的事物、所做的事情以及他人和自己的体验。阅读是丰富情感的重要渠道之一。如今，我们的教育当中存在一些功利的目的，在某种程度上忽视了情感教育。成为有丰富情感的人是我们作为人的基本需求。在整个社会情感教育有所缺失的情况下，通过阅读作品发掘里面宝贵的情感资源，能够使读者得到情感上的陶冶，促使其个体情感健康和谐地发展。通过情感上的共鸣，达到认知上的领悟，最后使人格得以升华。

#### 3. 培养意志

意志是人的意识能动性的表现，人不仅能认识世界、对事物产生某种情绪体验，而且能够在自己的活动中有目的、有计划地改造世界。这个需要排除障碍、力图实现目标的过程，就是意志过程。有了意志的调节作用，我们会在情绪泛滥的时候合理疏导，自我放松；在情绪枯竭时，会自我激励，坚持到底。当今部分

---

① 杨再勇.心灵的教育：培养"完整的人"的内在向度［D］.苏州：苏州大学，2014：9.

大学生意志力薄弱，遇到事情容易放弃，甚至有时候会采取极端的行动等。因此对大学生进行意志品质的培养成为当务之急。

阅读是需要读者具有一定的意志力才能够完成的行为，尤其是阅读一些有难度的作品，更需要一定的意志品质才能够坚持下去。同时，通过阅读经典，大学生可以亲近伟人，容易被伟人的心灵品质所感染，被他们的言行感动，从而树立积极的信念，激发其行动力。

## 二、阅读疗法应用于大学生全人格教育

全人格教育的理念肇始于20世纪初，由教育家林砺儒先生提出，教育即人格成长，而且是完整的人格成长。① 全人格教育的核心表现为通过构建知识间的关系，培养人格的完整发展，实现人与自我、人与他人、人与社会的和谐。

### （一）关怀生命人格的阅读疗法理念是全人格教育的基础

关心他人、以专业知识奉献社会是阅读疗法研究的归宿，关怀和引导大学生思考生命人格是高校阅读疗法服务的出发点。帮助大一新生适应环境及规划学业生涯的书有《读大学究竟读什么》《做最好的自己》《今天怎样上大学》等作品，让大学生一入校就能感受到温暖。当大学生在学习和生活中出现任何困扰时，阅读疗法都会陪伴在身边，以周到细致的服务推送富有哲理的信息，并耐心热诚地进行交流，将文献内容与大学生心理相结合，构建知识链接，引导大学生从书中汲取力量，克服抑郁、孤独、焦虑、自卑等负面情绪。同时，交流的场所强调温馨，在空间布置上以井然有序的书架为主，色彩柔和的墙面上装饰着励志话语和疗愈图画，大学生坐在舒适的桌椅上一边阅读一边向阅疗师倾诉，阅读疗法就在潜移默化中贯彻了"人性的完整与仁爱"的理念，抚慰着大学生的心灵，从而让他们产生强烈的认同感和归属感。很多受益者因此成为阅读疗法社团的骨干成员，乐于持续帮助教师开展服务，将关心他人和集体作为自己一次次的超越和完善，进而在大学生中形成爱的连锁效应，越来越多的人在接受帮助和帮助他人中感受到人性的无私与奉献的快乐。②

### （二）创建内涵丰富的阅读疗法学生社团是全人格教育的载体

建立由图书馆员、心理咨询师、学生处、团委、嘉宾教师、学生骨干等为主体的各类学生社团，是通过阅读疗法对大学生进行全人格教育的重要载体。2006

---

① 王莉萍. 全人格教育课程体系的构建与发展[J]. 中国教育学刊，2019（5）：58-62.
② 钱焕琦，黄菊香. 挖掘教育传统 丰富育人形式：以"厚生"精神引领当代女大学生的"全人格"教育[J]. 教育伦理研究，2019（0）：346-351.

年，泰山医学院成立了阅读疗法研究室，配备了专职的阅读治疗师，持续研制有针对性的书方，解决人生目标不明确、感情受伤、自卑、交际困难、就业压力、抑郁、孤独、痛苦、恐惧等问题，消除自杀意念，举办读书心得交流会、心声倾诉会、演讲会、周末电影、书评、影评等活动，帮助大学生塑造健康心理，实现全面发展。随后，华北理工大学、江苏大学、郑州大学等高校纷纷成立相应社团，在促进学生心理素质发展的过程中，启发其意志品质和创新思维，以一系列的阅读疗法活动营造出良好的成长氛围，使大学生通过阅读感受真善美，迸发智慧的火花。在社团活动中，大学生通过阅读提高了自身的文化修养，并在这里与人交往，向他人学习，增强沟通能力，发展社会交际能力。能与他人、与环境和谐相处是一个人人格健全的重要标志。阅读疗法讲究共鸣、净化、领悟3个层次，这是从触动心灵到感悟道理的阅读过程，友爱、亲密、热诚、信任的社团氛围能促进大学生主体意识的发挥，使自主教育和自我发展成为可能。

### （三）构建基于阅读疗法的大学生全人格素质指标体系是全人格教育的关键

基于阅读疗法的大学生全人格素质指标体系主要分为心理素质、科学文化素质和思想品德素质三大部分，其中心理素质最为重要。人格是个性心理的总和，心理素质的全面发展是将大学生塑造成为完整个体的关键。高校阅读疗法服务团队通过调查大学生的心理需求，引领大学生通过深度阅读实现环境适应、自我认知、人际交往、挫折应对、个性完善、情绪调控等一系列的素质养成。伴随国家"全民阅读"战略的推广，阅读疗法在阅读推广的大军中独树一帜。引导、辅导、教导大学生以阅读调节心理的过程同时也是有效推广阅读，从科学文化素质、思想品德素质两方面帮助大学生形成完整人格的过程。每读一本书都是通过文字和作者对话，用心感受主人公的遭遇的过程。在阅读中，大学生能潜移默化地建立起正确的"三观"，增加自己的知识储备，提升自己的语言使用、理论联系实际的能力，进而能以创新意识和人文精神发展兴趣，完成自我健全人格的塑造。

### （四）阅读疗法立体化运作模式是全人格教育的路径

1. 媒介立体化

通信技术与智能终端的普及使新旧媒体在内容、平台、渠道等方面呈现融合发展的趋势。阅读疗法研究与时俱进，以纸质文献为主体，融合网络文献、影视剧目等作为阅读疗法书方，利用多种平台展开服务。如泰山医学院图书馆在新浪博客上开办"书疗小屋"、华北理工大学图书馆在网站上以电子版同步出版了《阅读疗法导刊》、郑州大学图书馆在微信公众号上推出专栏"书药铺子"、湖北文理学院图书馆在超星学习通上创建了专题"阅读疗法：推荐书目"等。网络媒体上的诸多服务持续向以大学生为主体的社会公众展现了丰富多彩的阅读疗法书方的魅力。趣味性是全人格教育的重要内涵，能适应大学生的阅读习惯。以立体化媒介模式开展阅读疗法服务，增强趣味性，这是促进大学生人格完全发展的一个重点。

2. 主体与方法的立体化

泰山医学院图书馆在学校主管领导的协调下与学工处、团委、大学生心理健康教育中心、宣传部等部门联合，创建了以阅读疗法为主，与音乐疗法、朋辈辅导法和心理咨询法相结合的大学生心理健康教育模式，取得了巨大的成功。实践证明，仅凭某个部门或某一种方法很难满足大学生的需求，图书馆应与高校各部门之间团结协作，深入各教学院系，将服务送到大学生身边去，以多种方式开展活动能实现全人格教育的全面性与充分性。与此同时，新的服务方式不断被推出，如天津大学仁爱学院图书馆以唱歌、诗朗诵的形式引导学生感受歌词、乐曲的疗愈性，山东理工大学图书馆以情景剧的形式让大学生切身体会故事主人公的喜怒哀乐，湖北文理学院图书馆指导大学生画出《论语》中慰藉心灵的语句。灵活多样的阅读疗法受到大学生群体的欢迎，寓教于乐的特性能促进大学生的全面发展。

# 第五章 全民阅读视域下高校图书馆阅读推广活动

本章主要论述全民阅读视域下高校图书馆阅读推广活动，主要内容包括高校图书馆阅读推广主体作用的发挥、高校图书馆阅读推广活动的重要前提、高校图书馆阅读推广内容和高校图书馆阅读推广策划。

## 第一节 高校图书馆阅读推广主体作用的发挥

高校阅读推广活动的组织和策划需要强有力的组织机构来完成。一般来说，高校阅读推广活动的领导机构是学校的相关机构和部门，图书馆是直接的组织者和实施者，学校社团和志愿者组织是阅读推广活动的重要参与者。阅读活动在高校的顺利开展，需要学校相关部门、图书馆、学校社团和志愿者组织三者的共同合作，只有这样才能牢牢把握阅读推广活动的主动性，调动阅读者的积极性，使高校的图书馆资源得到有效利用，使图书馆开展的阅读推广工作呈现出持续性和有效性的特点。作为高校阅读推广主体之一的图书馆，是整个工作的重中之重，有着关键的地位和作用。图书馆如何在高校阅读推广活动中发挥自身的作用，主要可以从以下几个方面入手。

### 一、建设舒适优良的馆舍环境和阅读环境

对于读者而言，舒适优良的阅读环境可以对阅读产生非常大的影响。读者处于舒适的阅读空间中，处于优良的馆舍环境和阅读环境之中，会产生家的感觉，这可以激发读者的阅读兴趣，并且使其由内而外地喜欢在舒适的图书馆环境中进行阅读和学习。很多学习者会在图书馆愉快、舒适、浓厚的阅读氛围中，在潜移默化中产生阅读的兴趣，这也是图书馆营造阅读氛围的重要环境目标。对图书馆进行良好的布置和设计，会营造出一种让人向往的天地，引导读者遨游在知识的海洋，产生阅读的欲望。

高校图书馆应该注重文化的建设，同时重视环境的建设。很多的经典书籍需要读者静下心去阅读去感受，对其中的内涵进行细细品味，只有这样才能感知到经典的魅力与内涵。高校图书馆应该对馆藏经典著作进行汇集，建立经典阅读室，设立共享空间，以此营造良好的阅读文化氛围，激发读者的阅读兴趣。除此之外，还应该设立专门的阅读交流区，方便读者之间交流彼此的心得感受，交流读书体会。图书馆应该为读者营造浓厚的读书氛围，营造良好的环境，让读者在舒适的环境中可以自由地进行交流，碰撞出思想的火花，体验阅读的快乐。

图书馆馆舍环境要明净、宽敞，可以在馆内放置一些复古的桌椅，也可以在书桌上放置古典台灯，悬挂名家字画，当然，也可以放置一些人文景观在馆内。为了营造更加古声古色的环境，还可以在图书馆的角落里加一点展现小桥流水的盆景，还可以美化图书馆的环境，如适当地种植一些鲜花、藤蔓植物等。在对图书进行布置的时候，可以将一些精心挑选的书籍放置在人们触手可及的地方。基于此，为读者营造一个具有浓厚读书氛围的书香环境，在这样的环境中，在潜移默化中，学生会被影响，学生的阅读意识才能被激发出来，才能在图书馆中静下心去感知智慧，徜徉在知识的海洋中。

世界范围内高校建设舒适的馆舍环境和阅读环境的实践有许多。例如：国内的深圳图书馆为了倡导经典阅读，创设了"南书房"服务区，同时深圳市南山区还建立了经典阅读室，郑州大学的图书馆建设了"经典阅读素质教育"阅览室；在国外，美国芝加哥大学和英国牛津大学的图书馆都设置了专门的文献阅览室，设置固定的开放时间，满足读者阅读的需求。

## 二、制定馆藏发展政策

图书馆的立馆之本就是馆藏资源，馆藏资源也是阅读推广活动最基本的条件。如果没有馆藏资源，那么阅读推广活动就无从谈起。图书馆应该建立起合理的文献资源配置体系，结合自身的特色和优势，综合考虑读者的阅读倾向，在进行阅读推广活动的时候应该保证所提供的的书籍可以满足不同读者的个性化阅读需求。鉴于此，图书馆作为资源的提供者要拥有大量的优质资源，还应该对馆藏发展政策进行制定和完善。这些举措一方面有利于建设图书馆资源，对馆藏发展政策进行制定和完善，另一方面这也是高校进行阅读推广活动的基础条件。

指导图书馆发展的规划性文件就是馆藏发展政策，为了保证馆藏发展的一致性和连续性，需要馆藏发展政策的指导，馆藏发展政策有利于学校发展整体目标的实现。高校图书馆的资源建设要与学校的发展方向保持一致，一方面需要着重建设重点学科的文献资源，另一方面需要尽可能地对所有学科的文献资源进行收藏，以此来保证学科建设与文献资源建设的同步发展，如果有条件的话还需要保证文献建设的超前发展。高校图书馆建设应该满足学生的阅读需求也应该满足科研的需求。

在我国，关于馆藏发展政策，尚没有在国家层面上制定出相应的规范与准则，对于馆藏发展我们可以参考《普通高等学校图书馆文献资源发展政策编制指南》《普通高等学校图书馆电子文献发展政策编制指南》，这两个指南是由教育部高等学校图书情报工作指导委员会制定的。对于当前我国在国家层面上馆藏发展政策规范的缺失，在图书馆界并没有得到足够的重视。在国外的很多发达国家，图书馆的常规工作之一就是对馆藏发展政策进行制定，早在1993年，美国有70%以上的高校图书馆都已经有针对性地制定了馆藏发展政策。

近些年，随着研究的深入，我国在馆藏发展政策的理论研究方面取得了一定的进展，但是图书馆界并没有给予足够的重视和实践。在我国只有少数几个高校对馆藏发展政策进行了制定，如厦门大学、武汉大学等，大部分高校的图书馆并没有制定馆藏发展政策，没有指导、规范图书馆采购工作的政策依据。基于以上情况，各大高校应该根据自身的情况建立起特色鲜明的馆藏发展政策，为推动全民阅读工作制订良好的计划，帮助读者进行阅读提升，引导读者进行阅读。高校设立馆藏发展政策不管是为了满足教学和科研的需求，还是为了促进学生阅读，都是必要的举措。高校图书馆应该认真实行按需采购的制度，在进行选书的时候应该综合考量以下3个方面：一是学科馆员的反馈情况，二是书商的新书目录，三是读者荐购书目和书评等。如果图书馆的经费充足，还需要关注所采购的图书的质量，所购买的书籍质量要高，要具有系统性，可以满足读者的需要。

综上所述，高校图书馆为了顺利开展和高质量开展阅读推广活动，需要加强对资源的建设和整合，不断优化阅读平台，与此同时，还应该建设具有鲜明特色、优质突出、重点鲜明、结构合理的文献资源体系，这也是高校图书馆发展和高校发展的必然要求，尽最大可能实现载体资源与文献形式的协调健康发展。

## 三、规范借阅制度

古语说，没有规矩，不成方圆。图书馆在实践中的经验、概括和总结主要体现在图书馆的规章制度之中，这些规章制度也从侧面反映出图书馆的发展规律具有客观性，也应成为读者和馆员遵守的行动准则。图书馆的规章制度可以对图书馆工作进行合理的组织和规划，保证图书馆职能的有效发挥。当然，图书馆科学管理的准绳和依据就是图书馆的规章制度，这些规章制度也可以对图书馆内部的关系进行妥善处理，充分调动图书馆人员的积极性和主动性，提高他们的创造性，并且保证图书馆服务质量的提升和图书馆的正常运行。

对于读者服务，图书馆有专门的制度，如完整的借阅系统。借阅系统主要由预约制度、借阅制度、召回制度、续借制度、超期惩罚制度、馆际互借、豁免制度等构成。为了满足读者的阅读需求，保证阅读行为的顺利开展，合理有序、健康便捷的运转借阅系统是必不可少的。然而，就目前来说，我们国家的图书馆的借阅制度存在一定的问题，鉴于此，我们可以借鉴国外高校的图书馆借阅系统和规章制度进行改进。美国一些大学的图书馆就有完备的借阅制度，在各个环节上具有一致性，在管理的过程中展现出了很强的个性。尽管这些借阅制度非常烦琐，增加了管理的成本，但是其优势也表现得非常突出。首先，这些制度条文具有很强的操作性；其次，这些管理措施非常人性化，这在工作人员与读者之间建立起了非常友好的关系，资源、读者与管理者这三者之间形成了良性的循环。我们可以从中感受到图书馆借阅制度制定的目的——以读者为中心，提高文献的利用率。为了保证图书馆的服务理念——以读者为中心，需要在读者服务方面体现人性化，这样才能使得服务理念更加深入，更具有操作性。

在我国，很多高校的规章管理制度有很多相似之处，图书馆的规章制度也可以进行规范和协调，建立起内容健全、体例一致、形式规范、语言标准的制度体系，各高校图书馆在此基础上，结合自身的优势和特色建立起适合自身发展的制度规范。值得注意的是，当前我国某些图书馆中的借阅制度的用语相对较为生硬和强势，这导致很多读者没有阅读的热情和激情，没有阅读的兴趣。读者进入图书馆阅读本来就是一件值得鼓励和认可的事情，作为图书馆管理者应该对这种行为进行鼓励和尊重，对于一些读者的不规范行为也应该注意语气和用词。

总而言之，图书馆的借阅制度应该及时更新，与时俱进，与时代的发展步调相一致，在充分发挥自身优势的前提下，站在读者的角度进行考虑，满足借阅者的需求，为读者呈现出更加人性化的借阅制度，不断提高图书馆的服务质量和水平。高校图书馆还应该发挥自身的优势，为教学与科研服务，充分发挥图书馆的教育、学术研究、信息服务等职能。

## 四、加强阅读推广的宣传工作

图书馆的一项重要的工作内容就是宣传，这也是进行阅读推广的重要方式。高校图书馆的宣传工作主要是介绍图书馆所提供给读者的产品和服务。宣传工作的开展有着重要的作用：首先，可以提高文献资源的利用率。对读者宣传图书馆内的网络资源、馆藏资源，是重要的传递信息资源的方式，可以让读者对图书馆内的资源有一个整体的认识，帮助读者了解图书馆的相关规章制度、服务内容、作用以及职能，以此为基础激发读者的阅读兴趣。其次，对图书馆的发展具有促进作用。对图书馆进行宣传，可以唤起社会对图书馆的重要性的认知，展现图书馆人一直以来无私奉献的精神和默默无闻的职业形象，这有利于让社会公众更加尊重图书馆人，以此推动整个社会对阅读的重视，还能增强图书馆人的工作热情和自豪感，推动图书馆朝着更好的方向努力和发展。

高校图书馆的宣传途径和媒介主要有3种：一是传统媒介，主要是张贴海报、悬挂横幅标语、布展等；二是多媒体，主要有通识平台、电子显示屏、电视、报纸、网站等；三是社交媒介，主要包含QQ群、社交网站、微博、博客、微信等。高校图书馆应该根据自身的优势和需求选择合适的媒介，对自身的管理水平和技术水平进行综合考量之后选择集中推广的手段和媒介，保证推广范围的最大化。同时，高校图书馆在进行宣传活动时还应该保证所宣传的信息具有准确性、真实性、易用性、新颖性、计划性。高校图书馆的宣传工作不是一成不变的，是需要根据不同时期、不同的主体进行各种变化的，只有这样才能营造出良好的阅读氛围，为读者提供创新的服务，才能取得读者的信赖，形成良性循环。

高校图书馆可以引导大学生参与到宣传工作之中。在高校中，图书馆的读者群体大部分是学生，让在校大学生参与宣传活动可以起到非常好的宣传效果。高校图书馆让学生参与宣传工作可以以吸收社团成员为主，如校学生会、读书协会社团等。在社团和学生代表处，高校图书馆可以获取读者对于图书的信息，以此来开展有针对性的宣传活动，借助学生的"口碑"使得图书馆的宣传活动得到推广，达到很好的宣传效果。

图书馆宣传工作处在不断变化的环境中，应该不断提高自身的宣传水平，不断创新服务水平和质量，以此来吸引更多的学生参与阅读活动。图书馆在进行宣传的时候应该向读者着重推广图书馆服务，满足读者的需求。就长远发展来看，宣传活动是图书馆必不可少和必须重视的工作。虽然有的图书馆会因为人力、经济等方面的影响，宣传的效果不理想，但是也应该尽快寻找突破口，以自身的情况为依据做好高校图书馆的宣传工作，为读者提供更好的服务。

## 五、建立稳定的阅读服务团队

高校实施阅读推广的重要保证就是建立专门的推广机构，组建专业的、稳定的服务队伍，只有这样才能保证阅读推广活动的稳定性、连续性、高质量。高校图书馆的重要工作之一就是阅读推广活动，在很多的高校中为了保证阅读推广活动的顺利开展，设置了专门的阅读推广人员，甚至成立了推广部门。高校图书馆的阅读推广人员应该具备以下基本素质：

第一，具备良好的职业品质。所谓的职业品质，主要指的是各个行业的从业者对于所从事的职业的价值判断和对职业内涵的理解与认可程度，在此基础上，从业者会采取的职业态度。良好的职业品质一方面与自身原本具备的社会道德有关，如奉献自我的精神，对待他人的态度；另一方面良好的职业品质也受到职业训练、职业修养、个人职业意识的影响，图书馆阅读推广人开展推广活动重要的基础就是良好的职业品质。

第二，一切为读者服务的宗旨。高校图书馆的宗旨就是为读者服务，具体来说就是一切为读者，为一切读者，为读者一切。高校图书馆落实服务宗旨应该从以下方面入手：一是随处可得的资料，二是信息共享空间，三是无处不在的咨询，四是技术支撑服务，五是馆员走进学科，六是科研推进发展。只有实行这些举措才能真正使图书馆得到无障碍的利用，不受时空的限制。

第三，具备专业的图书管理知识，有扎实的图书馆学基础知识和管理学知识。作为图书馆的阅读推广者，应该掌握基本的图书馆学知识：一是明确图书馆的要素；二是熟悉图书分类体系，对中国图书的类别非常熟悉；三是掌握图书馆的工作内容和工作方法，明确图书馆的组织架构。除此之外，还要掌握管理学的相关知识，对管理学中的一些理论和内容进行灵活应用，掌握管理学中的原则和方法，运用到实践中解决现实问题，以此为基础管理好资源、管理好读者、管理好服务团队。

当然，作为高校图书馆的阅读推广人员还应具备以下几个方面的能力。

首先，策划能力、组织能力及评估能力。为了使得图书馆的阅读推广工作进展顺利，作为推广人员应该具备较好的策划能力和水平，具体而言，包括设计阅读推广项目、撰写阅读推广方案、拟定阅读推广主题、对阅读推广经费进行预算、制订阅读推广进度计划、分配工作任务、选择阅读推广活动的地址和布置活动。此外，推广人员应该具备组织能力，具体表现为顺利完成接待任务、顺利完成后勤保障任务、保证联谊任务的完成、保证阅读推广现场的服务工作与管理工作的顺利进行等。作为推广人员还应该具备评估能力，具体表现为在推广阅读活动之后对活动的效果进行评估，找出不足，进行经验总结，方便对下次的活动进行调整和策划，保证阅读推广活动的质量。

其次，较强的公关能力。公关能力主要指的是为了维持和改善某种公共关系状态而有计划、有目的的进行实践活动的能力。在高校的图书推广活动中，推广者的公关能力主要表现在建设书香校园活动中的适应能力、介入能力、协调性能力、控制能力等。作为推广人不仅需要与读者进行接触和沟通，还需要与其他部门进行协调沟通，因此，应该对交往的技巧和沟通的技巧进行把握。掌握沟通的艺术和原则，对读者的行为和特点进行把握，与不同类型的读者建立稳固的联系，进行友好的交往。

最后，撰写书评和推荐书目的能力。作为高校的阅读推广者，应该具备的能力之一就是撰写书评的能力，这是推广人应尽的职责，可以对读者服务进行深化，体现推广者的爱岗敬业精神。在撰写书评的时候应该尽可能从各个方面和角度对书籍进行介绍、分析以及评论，如从思想内容、审美价值、科学水平、政治观点、理论意义和实践意义等角度入手进行评价。这样可以使读者对书籍有一个全面的、系统的认识，明确书籍的主题。

总而言之，一个完善的、理想的图书馆，不仅是一个图书资源的存储机构，还应该是可以告诉读者如何进行阅读的阵地。高校图书馆为了推广阅读工作，负责开展推广的各项工作，应该设置专门的阅读推广岗位，条件较好的图书馆可以设置阅读推广工作部门，主要的工作内容就是调查读者的需求，明确本馆的现状，明确当前所面临的问题，寻求解决办法，提出阅读建议。高校阅读推广的组织保障就是建立阅读推广部门，这有利于实施、策划图书馆活动，有利于推广阅读活动，使得阅读推广活动更加专业，程序更加明确。

## 第二节　高校图书馆阅读推广活动的重要前提

师生读者是高校阅读推广活动的主要对象。针对不同的目标群体，高校图书馆需要进行有针对性的研究，研制出不同的阅读推广项目。

刚刚迈入大学校园的学生对于图书馆并不了解，没有明确的目的，一般来说会通过新书推荐这个栏目来寻找自己感兴趣的书籍；对于高年级的学生来说，他们已经有了一定的阅读经验和阅读能力，学习过信息检索课程，有着一定的信息检索能力，他们对参与图书馆与学生社团共同举办的主题活动、名师讲座等有着较强的积极性。与学生相比，教师的文化水平和层次较高，教师去图书馆主要是为了获取专业的文献，对于主题类的阅读推广活动一般不会参与，他们主要关注深层次的学科服务、课题服务等。针对以上这些情况,高校阅读推广的客体是以大学生为主的群体,因此,高校图书馆的管理者需要对大学生的阅读特点和阅读需求进行了解和识别,通过与学生社团进行合作保证阅读推广的顺利进行,这也成为推广工作重要的前提条件。

## 一、识别大学生读者的潜在阅读需求

高校图书馆为了保证阅读推广活动的顺利开展,保证图书馆的发展具有可持续性,提高读者的满意度,可以从了解读者的阅读需求入手对潜在阅读者的阅读需求进行调研。可以通过搜集信息、分析调研、细化读者群体等方法来进行,根据读者的属性进行细化,实现分层管理。

大学生不仅有着学生的身份还有着青年的特性,这个阶段的大学生正是生理、心理、世界观、人生观、智力发展等形成的重要时期。这个阶段的大学生有较强的生活独立性以及很强的自我意识,思想活跃,观察能力和思维能力有所提高。就学生这个身份来说,大学生应该涉猎更多领域的知识,学习更加专业的理论,不断增加阅读的兴趣,并且毕业之后的就业和求学需求会影响学生的阅读目的和阅读方向。为了将大学生培养成合格的人才,需要在德、智、体、美、劳等各方面使学生全面发展。因此,在大学阶段,应该对专业理论和知识进行系统的学习,对科学文化知识进行综合性的学习和掌握,让学生具有丰富的知识储备、较高的文化素养、合理的知识结构,让大学生成长为知识型、创造型、通用型人才。

大学生在不同的年级阶段在阅读倾向、阅读规律、知识的累积程度上呈现出明显的差异性。高校图书馆应该明确这一点,以此为基础进行有针对性的阅读咨询活动和阅读指导工作。对于刚刚结束高考进入大学生活的大一新生来说,此时的他们刚刚摆脱了高考的压力,面对突然放松的环境会让他们感到迷茫,对于如何在大学中进行阅读学习是一种茫然的状态,并且对于图书馆也没有系统的认识,这就导致这个群体在阅读上具有很大的不确定性和随意性,此时阅读的主要目的在于消遣。高校图书馆在面对这一群体的时候,应该综合考虑以上情况,对其进行有效引导,帮助大学生进入阅读的状态,找到自己感兴趣的阅读方向,让他们学会利用图书馆,树立正确的、明确的阅读动机。

在经过大一的学习和生活之后,大二和大三的学生已经适应了大学的生活,也适应了大学的阅读方式。在这个阶段,他们面临很多的专业课程,系统学习专业知识,就需要对专业类的书籍进行大量涉猎,通过阅读来解决实际学习中遇到的问题和困难。在进行阅读的同时还能不断丰富自身的知识体系,扩展知识面,为之后的就业打下坚实的基础。当前,随着高等教育的不断普及,学生面临着不断增加的就业压力,为了保证就业成功,有一部分学生会在大学期间考取各种证书,但是这就会使他们用在专业学习上的时间和精力减少,导致专业知识的学习存在一定的不足,难以符合用人单位的用人要求,进而导致就业失败。为了解决这种问题,需要图书馆与其他相关单位进行沟通与合作,通过一定的举措帮助学生加强对专业基础知识的学习,为之后的就业打下坚实的基础。

对于即将毕业的大四学生来说,他们的阅读有着明确的目的、明显的功利性和实用性。这个阶段学生的主要学习任务是撰写毕业论文,因此,需要进行大量的阅读,为撰写毕业论文积累素材,学生阅读基本集中在查找和阅读与毕业论文相关的文献资料上。有一部分大学生还会考研和准备公务员考试,他们会在这一阶段阅读相关的考试资料,准备考试事宜。鉴于以上这些情况,高校图书馆应该对这个阶段的学生进行有针对性的咨询服务和文献信息检索服务,满足这个阶段学生的阅读需求。除此之外,这个阶段的大学生还面临着就业问题,为此,图书馆可以邀请就业方面的专家针对学生的就业问题开设职业生涯规划讲座,为即将毕业的学生答疑解惑。

图书馆可以对读者相关的检索记录、历史借阅信息、浏览记录等进行追踪和关注,同时对读者开展问卷调查,以此来了解读者的心理发展状态、阅读的兴趣爱好,通过对图书馆论坛的读者提问发言进行提取等方式明确读者的阅读倾向,据此建立相关的阅读档案,提供具有针对性和个性化的阅读服务。

## 二、针对大学生读者的阅读特点提供相应的阅读推广服务

阅读素养形成的"五阶段模型"是美国哈佛大学的教育学家珍妮·查尔(Jenny Char)提出的,根据这一理论,在大学阶段,大学生应该进入"构建与批判"的阅读阶段。所谓的构建,指的是通过新旧知识的融会贯通,形成自己的知识体系,在阅读中不断完善知识体系;所谓的批判,指的是以自身的知识体系为依据,反复推敲思维脉络,对书中的思维、逻辑进行思考和审视,在取其精华、去其糟粕中提升自身的修养和素质。

大学生群体在这个阶段具有明显的交替性、求知性、跳跃性、猎奇性,这些特征会在他们进行选择的时候造成困扰。一直以来的阅读模式都是以实用性为基调的,这就导致大学生在思维、眼界、视野等方面受限,在阅读选择的时候产生迷茫和困惑。此外,由于这个阶段的大学生在所学习的专业领域、知识层次和知识结构上有所欠缺,没有很强的阅读理解能力、思考能力,这就造成了大学生在

阅读的时候没有办法进行有深度的阅读。当前，很多大学生的阅读都是碎片式的网络阅读，大部分学生有着良好的阅读态度和阅读积极性，也明确阅读的重要性，但是阅读的动力不足，导致阅读行为呈现出滞后性。

通常来说，对于大部分的学生而言，阅读面都不是很广，部分学生只选择自己感兴趣的书籍进行阅读，对于不感兴趣的名著和专业书籍很少进行阅读。对于大学生来说，这个阶段的阅读还具有随机性和盲目性，没有明确的阅读目标，也没有养成良好的阅读习惯和形成固定的阅读方式。随着互联网技术的不断发展和普及，现在大学生受到网络影响较大，大多喜欢便于理解和短小的"网文"，这就是所谓的"轻阅读"，这种阅读质量不高，不能很好地提升大学生阅读的深度，也不能很好地提高大学生的思考能力。受到当前环境的影响，大学生的阅读状况并不乐观，具体表现为非常窄的阅读面、非常少的阅读量、很强的阅读功利性、喜欢网络阅读、不重视纸本阅读、阅读呈现快餐化和通俗化的趋势。这些会阻碍大学生阅读深度和阅读兴趣的提升，不利于感受到阅读的兴趣，进而失去阅读的动力。尽管如此，大部分的学生可以认识到阅读所具有的优势，有着较高的自我期望，对自身的阅读缺陷有一个清晰的认识，渴望通过各种方式包括专家指导来提升自己的阅读能力和阅读素养，增强自己的竞争力。基于以上这些因素，高校图书馆在进行阅读推广的时候应该积极寻找解决办法，让不同阶段、不同兴趣爱好的读者可以得到有针对性的、科学的、个性的阅读指导和阅读咨询服务。当然，高校图书馆也可以组织一些大学生感兴趣的活动，将学生的兴趣爱好激发出来；在推广阅读活动的时候可以招收一些喜爱阅读的学生参与其中，利用学生群体的特点进行推广宣传。其作用主要表现在以下3个方面。第一，阅读推广者的身份是学生，可以拉近与其他学生的距离，有共同的语言，可以对大学生的阅读需求有深入和明确的了解。第二，可以让更多的学生真切了解到图书馆，对图书馆的信息资源有明确了解，提升大学生的阅读兴趣。第三，可以用其自身的行为来感染和带动其他学生参与阅读活动，提升阅读推广活动的效果。

## 三、图书馆与大学生社团合作共促阅读推广

高校图书馆阅读推广活动的开展形式都是以活动的形式进行的，主要是通过对读者的阅读选择进行影响来引导读者进行阅读的一种过程。在高校管理中，图书馆是一个重要的部门，图书馆的精力和人力都是有限的，为了更好地开展阅读推广活动，需要借助外部的力量，在高校，最适合的就是借助学生社团的力量。

不同院系、不同班级、不同个性的学生按照学校的规定和章程自发组成了可

以开展活动的学生社团。因此，学生社团呈现出活动的多样性、内容的丰富性、形式的特色化等特点。高校图书馆可以加强与学生社团的沟通与合作，对当前学生的心理状态、阅读需求、阅读期待等进行反馈，帮助高校图书馆对学生开展个性化、有针对性的阅读咨询服务。同时，大学生在参与阅读推广活动的时候也可以将自己在活动中的观点和感受反馈给社团，再由社团向图书馆进行反馈，据此对之后的阅读推广活动进行完善和改进，为学生提供更加心仪的、高质量的阅读推广活动。在这一过程中，学生社团主要发挥的是桥梁和纽带的作用。图书馆可以通过社团了解学生的真实需求，学生也可以将想法、感受通过社团反馈给图书馆，促进图书馆更好地发展。在大学生社团中有学生读者，对于学生来说，互相之间的了解可以促进更好的交流，图书馆也可以掌握一手的、真实的学生阅读想法和阅读期待，有利于图书馆下一次阅读推广活动的开展。学生社团还能根据学生当前的阅读需求适时对阅读推广的内容进行调整和丰富，还能提出具有创意性的设想，让阅读推广活动的形式更加符合当下学生的兴趣，以此来调动学生阅读的积极性，促进图书馆阅读推广活动的顺利、高质量开展。高校图书馆与社团的合作可以拉近图书馆与学生之间的距离，更好地了解学生的阅读需求，更好地服务于学生。

图书馆的阅读推广活动有学生社团的加入，可以以书会友，进行阅读交流活动，一方面可以引导学生爱上阅读，激发阅读兴趣；另一方面能提高学生的阅读能力，提升学生的阅读水平，吸引更多的群体参与其中，扭转当前大学生的阅读现状，在高校形成人人"爱读书、读好书、好读书"的良好阅读氛围。除此之外，学生社团还可以与校内外的社团或者其他机构组织进行联合，组成系统的阅读推广主体，有利于良好阅读氛围的形成。

学生社团参与图书馆的阅读推广活动，可以影响身边的人，引导其参与阅读推广活动，帮助高校进一步开展阅读推广活动。高校图书馆也应该积极鼓励和支持学生社团参与其中，肯定和赞扬学生社团在高校图书馆阅读推广活动中的桥梁与纽带的作用，将各种相关的推广工作进行完善，与学生社团实现双赢发展。

在高校图书馆开展阅读推广工作中，大学生社团有着重要的地位和作用，扮演着重要的角色。从图书馆的角度来看，每一个社团都蕴含着一种"独特的校园文化"，每一位读者都是一本"真人图书"，都是值得注意和珍藏的。对于大学生社团，高校图书馆要重视，通过开展丰富多彩的阅读推广活动，借助大学生社团自管理、自推广的形式来影响读者的阅读行为，改善阅读状况。

## 四、建立大学生读者阅读激励机制

随着网络技术的发展，大学生的日常生活都被网络所充斥，导致大学生在业余生活中纸质书籍的阅读量急剧减少，当前大学生的阅读呈现出快餐式阅读、浅阅读、功利性阅读等特点。互联网时代的大学生对于图书馆的激情在减退，阅读动力在减弱。大学生群体有着非常强的自我意识和权利感，其获取信息资源的渠道也更加多元。如果在高校进行形式化的、强制性的管理，极大可能会激化师生矛盾。对于当代大学生而言，激励机制是引导学生进行阅读的有效方式，可以激发学生的阅读兴趣和积极性，让大学生在潜移默化中树立起多读书、读好书的正确价值观。具体来说，建立阅读激励机制可以从以下几个方面入手。

首先，设立阅读学分制。阅读学分制主要指的是高校图书馆按照一定的标准，通过一定的方式将读者在一定时间内的阅读情况进行量化，转换为相应的学分，读者可以根据学分的多少享受一定的服务和奖励的一种图书馆阅读管理制度。图书馆应该设置专门的人员对读者所获得的阅读学分进行统计，在学期末的时候或者在评比奖学金的时候计入总分，成为评比的一部分。如图书馆的读者的阅读分数到了一定程度可以参与评比优秀读者以及其他奖项。"阅读学分制"的实行，可以调动起学生学习的积极性和主动性，激发学生的阅读兴趣，在实践中体验阅读的乐趣；对于图书馆来说，可以提高文献资源的使用率。对于高校图书馆来说，实行阅读学分制的时候应该进行合理设置、科学规划。

其次，评选"阅读之星"活动。图书馆通过借阅系统对读者借阅图书的数量进行统计，在每年年底的时候整理出排行前十的读者，在取得其本人的同意后，图书馆可以在馆内宣传板上展示读者的个人借阅信息和读书感悟，并且为其颁发荣誉证书和其他形式的奖励品，如精美纪念品、考研专用研习室的优先预约权、定期的免费文献传递服务、增加图书馆电子阅览上网时长等，借此带动其他学生进行阅读的积极性。评选"阅读之星"活动可以调动起其他学生的积极性和阅读热情，在高校形成多读书、读好书的良好校园文化氛围。

再次，搜书技能大比拼。在新生入学的时候，高校图书馆应该开设相应的文献搜索课程和入馆教育课程，协助学生更好地使用图书馆，使学生获取信息资源的能力得到提高。尽管如此，在现实中，很多读者在接受了培训之后再使用图书馆的时候还会出现茫然无措的情况，面对海量的信息资源，不知道从哪里入手，甚至一些学生不愿意利用图书馆，不愿意认真查找资料。为了改善这样的情况，高校图书馆可以定期举办"搜书技能大比拼"活动，帮助学生提高阅读的积极性和主动性，在比赛中让读者在规定的时间内找到相应的书籍，按照一定的标准选出胜利者，给予奖励，以此来激励其他读者积极学习信息搜索课程，合理利用图书馆。在图书馆的入馆教育和文献检索培训课程中引入生动有趣的竞赛形式，可以吸引学生的兴趣，调动学生阅读的热情。

最后，爱心图书漂流活动。图书漂流是一种来自国外的阅读方式，随着时间的推移，在国内越来越受到推崇和欢迎，越来越多的人参与到这个过程中。图书漂流主要是读者将自己不再阅读的书籍贴上特定的标签之后，将其投放到公共场所，让其他人无偿进行阅读的一种形式。高校图书馆可以在全校范围内筹集用于漂流的优秀图书，倡导全校师生参与其中，踊跃捐赠，同时图书馆还可以借助与书商的业务关系筹集更多书籍。高校图书馆为了鼓励和支持学生进行踊跃捐赠，可以进行相应的规定，给予相应的鼓励和支持，如读者捐赠一定数量的符合图书馆馆藏标准的书，可以获得图书馆颁发的证书，以此来表达对读者无私奉献的肯定、对爱心传递的鼓励，以此形成良性循环，在更大范围内实现知识的共享。

总而言之，以上这些激励措施和机制是为了服务大学生而设立的。在进行设立的过程中，可以鼓励大学生参与其中，对机制进行制定、建设和完善。对于激励机制的发布，图书馆可以通过教育教学平台、学生社团组织、校园网络等渠道进行公布，让每一位学生都对图书馆的激励机制有深入和明确的了解。在公布之后，学生可以提意见和建议，对激励机制不断进行完善和更新，保证激励机制可以提高学生阅读的积极性和主动性，符合学生的阅读需求，让学生成为阅读推广活动的积极促进者。

## 第三节　高校图书馆阅读推广内容

现阶段，高校图书馆阅读推广活动主要采取的组织方式有读书征文比赛、图书推介、讲座、图书捐赠、读书有奖知识竞赛、图书漂流、图书展览、经典视频展播、读书箴言征集、名著影视欣赏、馆徽设计征集、名著名篇朗诵、品茗书香思辨赛、评选优秀读者、读书会（读书俱乐部、读者协会）和微书评等活动。通过调研发现，讲座、书展、微书评、读书会和图书漂流五种活动是高校图书馆阅读推广的主要形式和未来发展趋势，所以本节将对这五项活动逐一进行讨论。

## 一、高校图书馆讲座活动

### （一）讲座的定义

"讲座"的本义是高僧说法或儒师讲学的座位。如今常作为一种教学形式，多利用报告会、广播、电视或刊物连载的方式进行，如中国经典文化阅读讲座。"讲座"有传播知识、交流思想、传承文化之效。高校图书馆讲座是高校图书馆利用人员、场地、设施和技术等条件，出于一定的目的，通过组织、策划，邀请主讲人，面向读者进行的一项常规性活动。组织、举办各种讲座，是高校图书馆阅读推广工作的一项重要方式。高校图书馆拥有丰富的教学资源，通过举办讲座，开设"第二课堂"，可以很好地培养读者的阅读素养，提升读者的终身学习和继续教育的能力。

### （二）讲座的类型

根据讲座的功效划分，高校图书馆阅读推广讲座主要分两大类：一类是用户培训课程。例如，新生入馆教育、文献信息检索教学、数据库使用培训、因特网免费学术资源的检索与利用和阅读工具使用辅导等。这类讲座既体现高校图书馆教育读者的职责，也是高校图书馆营造阅读氛围的有效手段。另一类是文化交流讲座。这类讲座是图书馆的主要服务内容之一，且历史悠久，早在20世纪五六十年代，沈雁冰、郭沫若、老舍、季羡林等文化名人就先后在图书馆举办讲座。这类讲座不同于一般的上课，对主讲人的文化素养和沟通能力要求很高，还要具备及时有效地应对读者提问的能力，因此主讲人一般是知名教授、社会名流等。如今高校图书馆开展的这类讲座中邀请的主讲人不仅有专家学者，有时也有普通的读者，目的在于阅读技巧的分享和阅读体验的交流。

除此之外，讲座还可以分为三种类型，具体如下：一是系列讲座，二是不定期讲座，三是预约讲座。首先，系列讲座。这种类型的讲座在学期和每个月的最开始就将讲座的内容确定下来了，同时也确定了讲座的时间和地点，讲座的相关信息会提前在网站上进行公布。其次，不定期讲座。这种类型的讲座一般来说与时事热点相关，内容与热门的活动、新技术、新能源等有关。最后，预约讲座。这种类型的讲座是根据用户的需求举办的，读者用户掌握着预约讲座的决定权，用户有权决定讲座的时间和讲座的具体内容，可以使培训对象更加细化，深化培训内容。①

---

① 朱育晓，杨武健."985"高校图书馆讲座服务现状调查及策略思考［J］.图书馆学研究，2015（4）：82-86.

## （三）讲座的组织

### 1. 成立工作团队

相对于其他阅读推广活动而言，讲座的涉及内容广泛且形式多样，讲座的读者众多，会场的秩序与安全极为重要，另外还涉及前期主讲人的选择，讲座的宣传推广，讲座期间的保障，视频拍摄，后期的资料整理、宣传与共享等工作。组织讲座活动是一项大的系统工程，需要人力、场地、设施设备等资源的密切配合，尤其需要一个高效、分工明确的跨专业、跨部门的团队。团队具体组织成员涉及的部门主要有图书馆、院办公室、宣传部、学生处、教务处、团委、系部、保卫处等，涉及的专业人员有图书馆员、主讲教师、各类读者、艺术策划人员、宣传人员、保卫人员、后勤人员等。

### 2. 重视选题内容

为了满足不同读者的阅读需求，高校图书馆讲座的选题需要内容广泛，但又不能分散、凌乱。针对活动的不同目标和功能，选题需要进行科学的整体规划。主题内容选择应坚持以下几个原则：一是讲座内容要有宽度。内容要从中国优秀传统文化到国外经典艺术、从当下时政热点到世界政治和经济格局、从大学生心理健康到青少年道德修养和老年人保健养生等，力争做到每个读者有讲座，每个讲座有读者。二是讲座内容要有纵深。针对不同文化水平的读者听众，讲座内容既要有科学知识普及类，又要有专业科学研究类，力求做到内容各具特色，讲座循序渐进、深入浅出。三是讲座内容要有体系。针对不同类型的讲座，主题既要有相对独立性，又要具有一定的内在关联性。系列讲座中每个分讲座的主题要短小精悍，要与其他分讲座紧密联系。独立讲座内容要清新简练，要包含大量有价值的信息。

### 3. 选择合适的主讲人

主讲人是一场讲座的灵魂，优秀的主讲人不仅具有极其重要的宣传推广作用，也是一场精彩讲座的前提保障。讲座内容的多样化决定了主讲人的多样化，一般高校图书馆阅读推广讲座主讲人主要有图书馆员、数据库培训员、专家学者、社会名流、学生代表等。图书馆员和数据库培训员是讲座的常客，专家学者和社会名流是提升讲座学术水平和文化底蕴的关键。另外，部分高校图书馆还邀请具有代表性的学生作为主讲人，可以使讲座更贴切学生日常的学习和生活，可以拉近主讲人与读者之间的距离，如很多高校图书馆以"告别母校"为讲座主题，由即将离校的毕业生为师弟师妹传递大学生活和阅读经验。武汉大学图书馆为了使读者更好地了解和使用图书馆资源，长期为读者提供"90分钟专题系列讲座"，其中使用技巧篇讲座就由熟练掌握图书馆资源使用技巧的学生代表担任主讲人。

4. 讲座时间与地点的选择

高等院校的工作时间与其他组织机构有相似之处，也有其自身特点，除正常的工作日外，还有集中性的寒暑假期。面向校内不同的师生读者或校内外不同的读者，讲座在时间和地点的选择上要有灵活性，尽量满足不同的读者在时间和地点上的需求。在面向校内师生读者开展活动时，要考虑到大学生的课外时间和学校规定的教科研时间，要考虑到教师周末不便来校参加讲座活动的因素。所以，可以考虑将面向学生读者的讲座放在周末或工作日的晚间，将面向教师的讲座集中放在学校规定的教科研时间或者是节假日内。面向校外读者的讲座，应该尽量与校内教学工作时间错开，可以充分利用节假日，也可以考虑利用人们下班后的时间段。另外，为了便于社会读者聆听，可以考虑将讲座的地点转移至社会公共场所和居民社区内。

5. 讲座的宣传与推广

随着计算机网络技术的不断发展，高校图书馆在宣传讲座过程中，不仅要使用醒目的电视、报纸、横幅、海报等传统媒体和手段，还应该借助图书馆官方网站、微博、微信、论坛等网络新媒体平台。为了解决读者与讲座时间和地点上的冲突，在讲座实施过程中，不仅要有合适的时间和场地，还可以通过新媒体进行网络直播与传递。例如：2016年10月29日，四川省图书馆与网易直播合作，对"首席小提琴演奏家教你如何听懂古典音乐"的讲座进行了直播，获得了很好的广告宣传效益，在短短半个月左右的时间内，直播视频共有58000余次的播放量，随后图书馆又做了2场讲座直播，观看人数分别达到了13万人次和17万人次。讲座结束后，图书馆还应该指派专人负责收集整理讲座视频等资料，做好后期宣传和进一步的推广和共享工作。

## 二、高校图书馆书展活动

### （一）书展的定义

书展，即图书展览会的简称，是图书馆一种传统的服务方式。近年来面对读者阅读习惯的转变，简单的书目推荐工作已经不具备足够的吸引力和影响力，而书展却具有展示馆藏资源、营造阅读氛围、提高借阅量等功效。所以近年来，高校图书馆习惯利用一些纪念日、节假日或特殊的时间节点，在图书馆内或校园内的显著位置设立专区周期性地举行书展，书展已经成为图书馆阅读推广的一种重要手段。

### （二）书展的类型

书展根据图书的来源可以分为三类：一是对图书馆自身的馆藏资源进行展示。这类一般是主题书展，会在一定的时间段内，主要围绕一个确定的主题选出相关的书籍进行展示，主要目的在于吸引读者进行阅读和借阅，提高文献资源使用率，为读者展示价值观念和思想。如喜迎党的十九大主题图书展、伟人纪念日图书展、诺贝尔文学奖得主莫言图书展。二是展出非自身馆藏资源。这类书展主要是由高校图书馆联合出版社、新华书店、资源供应商等图书出版发行机构举办的，前者提供场地，后者提供图书资源。这类书展往往还同时开展现场选书荐购或直接销售图书等活动，可以缩短图书采购流通周期。三是不同图书馆联合展览馆藏资源。由于图书馆在组织书展过程中可能会出现资源短缺的现象，所以拥有共同目标、馆藏互补的某一区域内的两所以上的高校图书馆常以联合举办书展的形式开展活动。这类书展不仅可以扩大活动影响范围，提升活动实际效果，还可以进一步促进馆际互借等多种协作交流活动。

### （三）书展的主题

作为阅读推广活动形式之一，高校图书馆的书展区别于其他展览，除活动主办方是高校图书馆外，书展的主题是其最大的特点。高校图书馆书展的主要对象是校内师生读者，所以要充分利用馆内资源，选择合适的书展主题内容，满足读者的阅读需求。书展的主题内容可以是学校某一领域的专家教授的荐书，也可以是馆员或师生读者精心挑选的优质的利用率高的图书，还可以以富有创意的主题为内容。书展主题内容的选择既要注意避免一些生涩难懂的理工科类图书，又要结合学科和馆藏特色扩宽主题和深度；既要周期性地开展系列主题书展，又要保持相同主题书展时间上的间隔；既要举办以校内师生读者为对象的与学术科研结合紧密的书展，如各种教材主题书展，也要举办面向不同层次、不同类型读者的通俗易懂、贴近生活的书展，如科普知识及法律常识主题书展。

## （四）书展的组织

### 1. 人员配置

书展工作包括前期的策划宣传与资源场地的选择、期间的组织和后期的整理与总结，涉及人员有主要负责人（总策划人）、工作人员、宣传推广人员、安保人员等。主要负责人不仅要统筹全局，还要负责监督、协调、总结等工作，较大规模的书展还应该成立一个临时性的领导小组，成员应该包括图书馆员、学校相关部门、院系教师和社团学生等，成员之间要有明确的分工和团结合作的精神。工作人员是指参与布展、图书搬运、设备操作、撤展等具体工作的人员，可由图书馆员带领社团学生和师生志愿者负责。宣传推广人员则是指活动线上及线下的信息发布者和宣传单、横幅、海报的设计者，可邀请有兴趣的具有专业特长的师生具体操作，由图书馆员负责协调。

### 2. 展厅选址和布置

如今大多高校图书馆都有专门的展厅，小型的书展可在图书馆内开展。如果组织大型的书展，则需要在馆外搭建临时性的展厅。展厅选址对活动效果有十分重要的影响，需要选择人流量大的公共场所，但要注意避免影响学校的正常教学秩序，也要注意安全保障工作。展厅的布置风格应该与书展主题相一致。同时，最好选择晴朗的天气，组织开放式的书展，以取得最佳宣传效果和视觉效果。

### 3. 线上与线下相结合

通过海报、横幅、广播等发布信息告知读者展览的名称、主题、时间和地点，是高校图书馆书展活动传统的宣传途径，如今仍然有众多的受众群体，作用不可取代。在新媒体时代，利用新的宣传技术开展线上宣传的作用将越来越显著，如耶鲁大学创办书展专门网站，当读者对相关的展览信息感兴趣时，可以选择下载具有 ics 扩展名的日历文件，从而直接把具体的展览日程安排同步到 Outlook 日程表中，点击邮件（E-mail）通知时，展览信息可以自动地被转发到指定的信箱，脸书网（Facebook）和推特（Twitter）的快捷链接则能够把相关信息快速地通过读者的社交网络进行传播。[①] 因为时空的限制，很多读者参与活动非常不方便，这就导致实体书展的惠及受众非常少。高校图书馆为了更好地服务广大读者，不仅开办线下书展，还举办了线下书展延伸和拓展的线上书展。对在线展览这种形

---

① 庄玫，张蓓，李洁芳.高校图书馆展览服务的"移动"时代[J].图书情报工作，2014，58（5）：48-52.

式，美国达特茅斯学院图书馆进行了简要的概述："之前以实体状态呈现的展览，现在通过数字手段加以保存并以自由获取的方式向公众开放。"[①] 中国的高校也纷纷开展了线上书展，如华东师范大学图书馆网站上的"主题书展角"，清华大学图书馆百年馆庆网站开设了"数字展厅"，北京师范大学图书馆的官方网站上常年举办系列微书展。

### 三、高校图书馆微书评活动

近年来随着新媒体的兴起和读者数字化阅读率的增长，微阅读已经成为大学生的主流阅读方式。微书评以它"短小精悍"的特点深受大学生读者欢迎，已经成为高校图书馆阅读推广的重要形式之一。

#### （一）微书评的定义

"图书评论"的简称就是书评，书评主要对书籍进行介绍和评论，主要的对象就是书，评论者应该本着实事求是的精神，对书籍的内容和形式进行专业的、有深度的、有见识的分析，对书籍中蕴含的学术性、艺术性、思想性、知识性进行探索，以此为媒介，建立读者与作者与出版商之间的信息沟通渠道。对于读者来说，书评有着重要的信息功能，可以帮助读者进行图书的选取，为读者选书提供参考意见，帮助读者对书籍进行有针对性的阅读，图书销售网站如京东、当当、亚马逊等都有书评的功能。此外，对于读者来说，还有一个重要的功能就是导读功能，书评可以对书籍的核心内容进行反馈，在读者进行阅读的时候可以帮助读者明确书籍的概要，在阅读的时候可以帮助读者进行价值判断的参考，如中国的豆瓣网书评、美国的联机计算机图书馆中心的开放维基版联合目录等。现实中，很多的作家同时也是书评人，如爱尔兰作家科尔姆·托宾（Colm Tobin）、美国作家苏珊·桑格塔（Susan Sontag）、美国作家约翰·厄普代克（John Opdike）等，他们发布了很多高质量高水平的书评。19世纪著名的英籍美裔作家亨利·詹姆斯（Henry James）留下了很多评论性的文章，几乎涵盖了对同一时期所有作家的作品的评论。此外，日本作家村上春树所著杂文集《无比芜杂的心绪》也是书评集。所谓微书评主要指的是以书为对象对书籍的内容和形式进行介绍和评论，字数在140字以内的微型书评。

#### （二）微书评的特征

图书馆微书评相较于传统书评，不仅具有传统书评的重要作用和相关的功能，

---

[①] 雷强.美国高校图书馆在线展览述评[J].图书馆学研究，2013（17）：84-86.

同时还具备以下五个特征。一是短小精悍。与传统书评相比较来说，微书评的最大优势在于其短小精悍，仅用短短的几句话就可以将书籍的内容进行呈现，信手挥就的是神韵，比较著名的精评是鲁迅对《史记》的精短书评——史家之绝唱，无韵之《离骚》。二是具有很强的参与性。传统的书评对作者和读者的要求较高，加上通过传统的媒介进行传播，书评常常被贴上学者的专利商标。普通大众不愿意写书评也不敢写，又由于书评学术理论水平较高也不愿意精心慢慢品味。微书评的学术性和写作门槛较低，内容形式较简单，也方便传播，所以大众的参与积极性较高，作者和读者群体广泛。三是方便易操作。微书评并不需要作者通篇认真仔细地阅读某一本图书后才能创作，它更注重作者瞬间的阅读心得和感受，不需要证据论证，很多情况下只是作者在阅读图书的某一章节甚至是某一句话时而突发的灵感。同时，由于通过微博等新媒体进行传播，读者可以随时随地利用智能手机等工具进行阅读，便于作者与读者间的实时互动与交流。四是轻松的意境。微书评突破了传统书评在逻辑、字数和结构等方面的限制，形式更加短平快，符合读者的碎片化阅读习惯。五是影响力大。无论是微书评的作者，还是微书评的读者，数量不仅庞大，而且影响范围深远。加上新媒体互动性强的特点，使微书评的评论对象——图书的种类变得丰富。另外，作者与读者交流沟通过程中经常会发生读者反过来变成作者的场景，随着交流的深度和广度不断拓展，"长尾"图书会被慢慢挖掘并流行开来。

## （三）微书评的组织

### 1. 建立微书评数据库

建立科学合理而又内容丰富的微书评数据库，是高校图书馆开展微书评活动促进阅读的基础。首先，可以通过鼓励馆员、教师、学生读者撰写微书评，邀请专家学者撰写微书评，收集整理馆内现有、网络在线和其他图书馆的微书评，购置或协商取得作者和出版商的微书评使用权等途径，丰富图书馆微书评数据库。其次，按照一定规范分门别类整理微书评，并将其录入相关数据库，建立能有效满足各类读者需求的各具特色的微书评数据库。最后，开发用户检索、浏览、下载和上传系统，不仅使用户可自行获取相关书籍的微书评，还可以使用户上传共享自己的微书评。

### 2. 搭建微书评交流平台

高校图书馆可以搭建微书评交流平台，为读者进行阅读交流提供平台。图书馆可以在网站的首页上开设微书评博客,对每种书籍的出版信息进行系统介绍,并且配有微书评,以此来实现图书馆与读者的互动。在网站上建立读者微书评交流中心,对多种媒体进行融合,通过各种平台如微信、微博、图书馆信息平台、个人图书馆App等让读者微书评交流中心变成移动阅读交流中心,与此同时,还需要鼓励读者参与其中,加强读者与图书馆之间的交流,加强读者与作者之间的互动,加强读者与读者之间的沟通,在相互交流中碰撞出思想的火花,不断提升读者的阅读能力和鉴赏能力。除此之外,还需要对微书评数据库与微书评交流中心进行链接,实现图书馆与读者的互动,让读者不仅可以查看微书评还能发表微书评,实现互动。图书馆建立的交流平台,不仅需要展现批判精神,也应该体现理想气质;不仅要包含读者喜闻乐见的旅行美食、推理小说等主题,还应该体现人物传记等内容;不仅要本着百花齐放、百家争鸣的理念进行建设,尊重作者的学术观点,还应该使微书评审美的功能得到充分的发挥,引导读者进行积极阅读,辩证地看待书籍中的内容和观点。

3. 举办微书评大赛

榕树下文学在路上暨"首届微书评大赛"在2010年10月18日到12月18日成功举办;"书香羊城——微博书评大赛"活动在2011年8月4日成功启动,并且借助网易、大洋网、腾讯、新浪、139说客等微博平台设置了专题页面,到2011年10月14日已有900多万人进行点击和阅读,在这期间收到了超过12万余次的微书评。通过微书评大赛,涌现出一大批优秀的、高质量的微书评,这也成为读者选择书籍的重要指南。高校图书馆可以借鉴微书评大赛的成功举办经验,根据自身的馆藏资源和人力等因素,定期开展微书评大赛,通过比赛的形式激发读者的阅读兴趣和阅读积极性,让读者在互动和参与中爱上阅读。此外,高校图书馆还可以开发专门的书评系统,与图书馆的网站相结合,创新微书评创作积分激励机制,以此来鼓励读者进行阅读和撰写微书评。让读者在以书交友中感知阅读的乐趣,激发阅读的热情,为读者营造良好的阅读氛围,典型例子是重庆大学图书馆的"书评中心"系统。

4. 建立微书评服务共享机制

高校图书馆可以采用微书评服务共享机制来改善微书评工作,这也有益于提高图书馆微书评工作总体水平。通过加强高校图书馆之间的交流与合作,借鉴成功的经验,实现资源的优势互补,对微书评资源实现互通有无。不仅如此,高校图书馆还应该加强与书店、出版社、网站、行业协会等之间的沟通与合作,逐渐形成一个微书评有机整体，为图书馆微书评的虚拟馆藏源源不断地输入新鲜内容，满足高校中各类读者对微书评的个性要求。

## 四、高校图书馆读书会活动

### （一）读书会的定义

独学而无友，则孤陋而寡闻，这是《礼记》中所记载的内容，由此可见，阅读不单单是个人的独立行为和获得，同时也是一种与人交流和互动的过程。读者进行交流的平台和有效途径就是读书会。英国作家卡兰德（Carlander）曾经以瑞典的读书会为例，提出读书会是一种较为特殊的小团体研读形式，参与读书会的成员通过彼此的讨论，对书籍有深入的认识和理解，得到不同的启发。读书会虽然有研读素材，且制订了阅读计划，但是并不对知识和材料进行设限，不会设置特定的目标，本着自愿参与的原则，参与的时间和地点以参与者方便为主。读书会的特点是自由简单、形式多样、平等互助、具有很强的渗透力，因为这些独特的优势，读书会成为推广全民阅读的主要模式。例如，在瑞典，基本上每个乡村都有学习圈，这已经成为当地人的一种生活方式；在美国，大约有四分之一的图书馆读者会参与到读书会中。中国自古以来就有以文会友的传统，因此，高校图书馆阅读推广活动的重要方式和手段就是支持、引导、组织读书会活动。

### （二）读书会的模式与类型

读书会随着社会的不断发展和阅读风尚的变化出现了进一步的发展，当前，读书会的模式和类型也呈现出多种多样的特点。在全球范围内，读书会主要包含九种类型：一是单主题读书会，二是互流通读书会，三是多主题读书会，四是图书漂流读书会，五是在线网络读书会，六是图书馆读书会，七是广播读书会，八是作者读书会，九是书店读书会。[①] 读书会按照承办方进行分类，主要分为三种：一是公共图书馆组建的读书会，二是民间自发组建的读书会，三是高校图书馆组建的读书会。当然，读书会还可以按照以下标准进行分类：活动需要、活动目标、活动主题、区域、性别、年龄、是否收费等。总而言之，高校内的读书会模式相对来说是比较单一的，没有多变的类型。高校的读书会基本上有三种类型：一是学生自发组建的读书会，二是学校图书馆牵头组建的读书会，三是学校教学管理部门牵头组建的读书会。当然，除此之外，还有少部分的校外读书爱好者通过高校的平台和图书馆资源组建的读书会。

---

① 黄辉，凌征强.全民阅读视角下我国高校读书会发展策略研究［J］.高校图书馆工作，2016（6）：90-93.

就当前来说，高校图书馆读书会包含两种模式：第一种是图书馆发起成立的、自行运作的读书会。例如：华中师范大学图书馆创办的"风雅读书会"，重庆大学图书馆创立的"书香重大"读书会，天津财经大学图书馆成立的"思扬读书会"，等等。第二种是学生自发成立和自主管理的读书会社团，其会在读书会的章程中明确指导单位或主管单位是图书馆，如华东政法大学读书会、合肥工业大学"春风读书会"等。高校图书馆读书会活动的组织者主要包含以下几种情况：首先，高校图书馆组织成立读书会，图书馆举办读书会活动；其次，高校图书馆作为指导单位，指导读者协会等学生社团举办的读书会；最后，图书馆的工作人员自发组织的读书会。当前，我国大部分高校的读书会是图书馆自己组织开展的，以此来推动阅读推广活动的顺利开展。

### （三）读书会的作用

1. 有利于阅读推广实施与普及

组织读书会活动不仅是图书馆的阅读推广活动之一，而且读书会组织还是服务图书馆阅读推广活动的有力助手。读书会活动质量的高低不仅对读书会的生存发展有着直接的影响，而且还影响着其他形式的阅读推广活动的效益。所以切实有效地组织读书会并开展读书会活动，既有利于高校图书馆的阅读推广工作，也可以弥补图书馆组织的相对短暂或周期长的阅读推广活动的不足，使读书会成为图书馆阅读推广工作的"常设机构"和阅读推广工作的"常设活动"。

2. 有利于拓展读者阅读的深度和广度

读书会的性质决定了会员在活动中能有效开展深入的、互动的、积极的、平等的交流，这种交流有利于读者在快节奏的学习生活中静心品味积极健康的读物，有利于读者不断培养阅读兴趣，不断拓展阅读涉及面，从而摒弃过多的碎片化阅读、浅阅读和功利阅读。

3. 有利于提升图书馆及其资源的利用率

图书馆拥有充足的资源、专业的场地、优越的环境和阅读的氛围，是大多读书会活动的最佳场所；周期性的大规模读书会活动，也有利于提高图书馆的资源利用率。例如读书会活动必备的、拓展的、延伸的图书及相关文献资源会随着读书会活动不断进入会员读者的视野，甚至一些长期未被利用的资源也会随着读书会活动被不断挖掘和利用。

4. 有利于图书馆整体服务水平的提升

读书会开展的活动，除了阅读分享交流等沙龙性质的活动外，还经常以读书会为依托，以读书会常规活动为基础，延伸开展书评、讲座、影视欣赏、朗诵、征文、书目推荐等活动，这些活动无疑会进一步促进图书借阅、资源建设、参考咨询、信息素养培训等图书馆其他业务工作的开展，从而进一步促进图书馆整体服务水平的提升。

5. 有利于提升会员的综合素质

读书会的常规读书分享和交流活动流程一般包括开场、分析、讨论和总结，在此过程中，不仅对主持人的综合素质要求较高，而且对普通会员的语言表达能力、思考分析能力、临场应变能力、人际沟通能力等综合素质也有较高的要求。所以经常组织、参加读书活动的会员读者，不仅阅读素养和文化素质会有极大的提升，而且综合素质也会有所增强。

6. 有利于提高教学质量

专业性强的读书会活动对会员读者的专业学术水平提升作用是显而易见的。即使是非专业类读书会，其活动也会有效促进读者的阅读和思考，对读者的学习观念、学习态度和学习效果有一定程度的推进，如中国台湾地区的高校推广读书会的初衷之一就是提升教学质量，实现"教学卓越"。

7. 有利于校园文化建设

读书会活动本身就是群体性阅读活动，有利于促进学习群体的形成、发展和壮大。大量积极健康的读书会汇聚在图书馆和校园内，将营造出浓郁的校园阅读氛围，而积极向上的校园阅读氛围则是校园文化建设的重要内容和基础条件。

## （四）读书会的组织

1. 明确定位，提高会员自读率

自由、平等等特征，既是读书会组织吸引读者的优势，也是读书会组织稳定性不足的劣势。高校图书馆需要通过规范读书会组织规章制度，明确组织目标、组织方式、活动宗旨，才能有效解决这一问题。其中以明确组织目标最为关键，图书馆要准确定位读书会及其活动的宗旨，在会员加入组织之初对其进行必要的入会教育，既要强调组织的自由性和平等性，也要强调组织活动的参与性和互动性等特点。在组织活动过程中，为了提高全体会员的自读率，要避免长期开展单一的阅读分享、专家讲座等阅读传授性活动，避免活动失去阅读交流与促进的功能。

2. 加强管理，提高读书会影响力

相对小众和分散，也是读书会组织的特点之一，但这也容易造成组织持续性弱，组织的活动频次低、覆盖范围小等问题。高校图书馆应该通过独立创办和积极引导两种途径，增加校园内读书会组织和成员的数量，使读书会组织既小又多、既专又散，使每个读书会都有其自身特色和内涵。通过大量短小精悍的读书会，开展连续不断的形式多样的读书活动，提高读书会组织的影响力和阅读推广活动的认知度、参与度和支持度。另外，相对于其他传统的阅读推广活动，目前图书馆组织读书会活动还是比较前卫新鲜的，读者对图书馆组织支持的读书会相对了解不足，对读书会活动的形式和内容认识得也不够真切。高校图书馆需要通过传统的宣传手段和方式结合读者喜欢的新媒体，以营销等企业管理理念加强对读书会及其活动的宣传和推广。

3. 持续扶持，引导交流与合作

总结国外读书会的工作经验发现，读书会活动的有效开展需要一定的资金、资源、场地和设施设备等基础条件。中国台湾地区高校读书会发展势头迅猛，活动影响深远，探究原因发现其既有中国台湾地区教育主管部门出台的"奖励大学教学卓越计划"的支持，也有各高校和图书馆制定的读书会推广要点、实施办法或细则等完善的政策引导，使读书会活动不仅具有合理的顶层设计，而且拥有进一步发展的资源支持。另外，读书会组织的成长和发展需要高校图书馆持续大力的引导和支持，更需要图书馆以外的高校其他行政部门的帮助和关心。需要图书馆为其搭建合作交流平台，以便与校内外其他的读书组织、相关行业协会、文化传媒机构、图书发行机构等进行合作，获得更多的支持和汲取更多的工作经验，才能使读书会组织和活动茁壮成长。

## 五、高校图书馆图书漂流活动

### （一）图书漂流简介

图书漂流，是一段文明美丽的奇妙旅程，它起源于20世纪六七十年代的欧洲，读书人将自己读完且不再阅读的图书贴上标签（一般为黄色）随意放在公共场所，如公园的长凳上，遇到这本书的人可取走阅读，读完后（可能会附上阅读故事、心得等信息）再将其放回公共场所，再将其漂出手，让下一位爱书人阅读，继续一段漂流书香。没有借书证，不需付押金，也没有借阅期限。这种好书共享方式让"知识因传播而美丽"。如今越来越多富有想象力的书友在投漂图书时，在投漂说明中设定了自己的漂流规则，使图书的漂流过程变得更加丰富多彩，图书漂流的方式已不再局限于投放户外一种。随着互联网的普及，图书漂流活动变得更有效率、更普及。

我国的图书漂流活动始于2004年初，春风文艺出版社在国内组织策划了全国首个图书漂流大型公益性活动。2004年3月，深圳有位记者第一次尝试了个人图书漂流活动。2004年5月，在南开大学校园内产生了第一个由大学生实施的图书漂流案例。2006年5月，吉林大学图书馆率先在高校图书馆组织开展图书漂流活动。[①] 如今全国各地的图书馆、出版社、新华书店、社区、个人等纷纷开始组织图书漂流活动，其中拥有丰富资源和独特优势的高校图书馆更是积极地将图书漂流活动作为阅读推广工作的重要形式之一。

### （二）图书漂流注意事项

高校图书馆首先应该厘清以下三个问题，才能有效开展图书漂流活动，实现活动目标。

#### 1. 图书漂流的性质

图书馆开展的图书漂流活动，既不同于传统的借阅工作，也不是好书推荐活动。它是一种具有独特宗旨、目标和方式的阅读推广活动，具有"乌托邦"式的既新鲜又神秘的阅读体验交流。图书馆应该摒弃传统的读者服务理念的影响，在具体的活动过程中要注意以下三个环节。一是在漂流物的选择上，既要善于选择读者喜欢的、流动性强的、积极向上的图书、期刊、光盘等资源，也要了解读者的漂流喜好，并注重发挥读者在漂流书选择过程中的主体作用。二是在漂流形式的选择上，既要积极采用更自由、更时尚、更浪漫、更有趣的方式开展活动，也要确保活动和漂流物处于有效控制范围内，避免活动处于无组织、无秩序的状态。三是在漂流目标的定位上，既要保证活动推广阅读的效益和活动持漂率，也要注意对参与活动读者的文明诚信教育和活动回漂率。

#### 2. 图书漂流的管理

国内外的实际经验显示，图书漂流活动的开展最令人担忧的就是"断漂"问题。如何有效地解决这一问题，将是图书漂流活动健康成长的关键。问题具体涉

---

[①] 袁子英.图书馆人对"图书漂流"的思考[J].河南图书馆学刊，2007（2）：14-15.

及活动管理中的两个概念,即持漂率和回漂率。有调研发现,制定严格的活动规章制度并采取积极有效的管理措施会使图书显著提升回漂率,但很可能制约活动的持漂率和漂流路线长度。相对来说,图书漂流还是一个新鲜事物,当漂流物资源相对紧张的情况下,考虑回漂率在所难免,但过分强调回漂流,可能会导致活动的本质和宗旨发生变化,即使是在图书漂流比较盛行和繁荣的欧美国家,图书的持漂率也只有20%—25%[①]。所以目前在我国的社会阅读大环境下,在开展图书漂流活动过程中,高校图书馆应该采取适度的疏导和管理政策,尽可能提高持漂率和漂流路线长度。同时,图书馆应该积极拓展图书漂流活动的资金渠道,提高活动资源的供给量,从侧面缓解回漂率低的问题,也要加强与相关部门的合作,增强读者共享意识和诚信教育,从正面解决断漂的问题。

3. 图书漂流的范围

基于图书漂流活动的组织难度、资源紧张、有效管理等问题,目前高校图书馆开展的图书漂流活动,大多只是面向校内读者。从实际活动来看,即使回漂率达到80%以上的高校图书馆,其实际效果也并不算理想。究其原因,图书漂流的阅读推广效果和持漂率和漂流路线长度关系最密切。高校图书馆的社会化服务已经逐渐展开,活动图书也应该更多地漂向社会惠及大众,只有这样,持漂率和漂流路线才能有更多提升的空间。同时,随着漂流范围和方向的拓展与延伸,活动的宣传效果、参与度和总体效益也将逐渐增强。另外,积极邀请社会读者加入图书漂流活动,不仅有利于全民阅读推广工作的进一步开展,而且有助于漂流图书来源和数量的增长,校内读者与校外读者之间交流的广度和深度也会随之增强。

### (三)图书漂流的组织

1. 转变工作理念

近年来,如何充分利用馆藏资源特别是纸质类资源,遏制资源使用率下降的趋势,已经成为高校图书馆亟待解决的重大问题。图书漂流这类新颖的阅读推广活动,可能是解决问题的突破口之一。图书馆首先要树立开展图书漂流的理念,同时要转变"重藏轻用""爱不释手"的传统观念。为了扩大漂流书的数量和来源,不仅要大力鼓励广大读者积极捐书,而且要积极将馆藏好书漂出去,同时还要在年度预算中单独设置每年用于漂流的资源经费项目。在工作初期,思想观念

---

① 郭鸿昌.全球"漂流图书馆"[J].大学图书馆学报,2005,23(2):24-27.

的转变尤为重要，务必要避免对捐赠图书进行"精心"挑选以充实馆藏而将其余图书用于漂流的现象发生；同时也要避免将那些几乎全无利用价值的馆藏资源填充进漂流书架和站点。要力争做到将好书漂向读者，让书香沁人心脾，旨在发挥资源利用价值，促进读者阅读，促进读者共享阅读。

2. 转变角色定位

高校图书馆全权负责图书漂流各项工作和全部环节，不利于激发读者的聪明才智和活动创意，不利于活动的持续开展和活动宗旨的有效实现。高校图书馆要及时转变活动角色，具体负责活动的统筹工作，包括活动规则的制定、活动资源的筹集、资金政策的争取、校内外相关部门的合作等。活动的具体实施，应该坚持以读者为主导、图书馆协助的原则，以半自由状态为活动运行模式，让读者自己成为图书漂流的践行者。图书馆和读者双方应分工明确，团结协助，充分发挥各自在活动中的优势，提升活动效果。在活动开展之前，要在原有的读者协会等学生社团组织的基础上，成立新的图书漂流读者工作委员会之类的组织，专门负责开展图书漂流活动。只有充分调动读者的参与积极性，才能提高漂流书的质量和图书的持漂率。

3. 加强活动宣传

任何推广阅读活动的组织和实施，都需要积极有效地开展全程性的宣传工作。相对新鲜的图书漂流活动，更需要开展大量的宣传工作才能有效实施和进一步发展。宣传活动的内容不仅包括活动的内容、规章和意义，还要包括对参与者的诚信教育。宣传活动的方式不仅包括传统的宣传渠道，还要注重新媒体的应用和图书漂流网站、实体漂流站点的建立。宣传活动的对象不仅要在校内广泛开展，还要有针对性地面向校外读者。宣传活动的时间不仅要做前期宣传，还要做到过程性宣传和总结性宣传。宣传活动的模式不仅要开展单一的宣传活动，还要结合评选图书漂流榜、读者发漂榜、阅读漂流图书心得体会交流等进行鼓励性、立体化的宣传活动。正所谓细节决定成败，在加强活动宣传工作的基础上，还要注重活动经验的总结，不断提高活动细节处理水平。活动不仅要做到漂流图书可读性强，而且还要通过精心包装设计漂流图书的封面和标签内容，打造"明星"漂流图书。

4. 加强合作交流

图书漂流活动效果很大程度上取决于漂流图书的质量，图书漂流活动效果则反映了图书的持漂率。虽然几乎所有的社会组织和个人都认为在当今功利阅读、浅阅读盛行的浮躁的阅读环境下，图书漂流作为一股清流，对促进全民阅读、资源共享和社会公德都有积极的作用,但他们中的大多数目前仍处在观望状态,甚至持冷眼相对的态度。高校图书馆在开展活动过程中,要加强与外界的联系和合作,以便取得更多的关注和支持。首先,加强与出版发行机构的合作,以便获取更多有价值的图书资源用于漂流。其次,加强与学工部、宣传部、团委等校内其他部门的合作,以便提高活动宣传效果和读者的参与积极性。再次,加强与其他高校图书馆的联系,通过区域内高校图书馆之间的合作组织实施图书漂流活动,以便提高图书的持漂率和漂流路线的长度。最后,加强与社会组织机构之间的合作,通过取得社会组织机构的支持,以提高活动影响力和影响范围,建立校内图书漂向社会与社会图书漂进校园的双向机制。

## 第四节 高校图书馆阅读推广策划

### 一、阅读推广受众目标

阅读需要普及与推广。但如何推广,则无一定之规。高校图书馆是大学校园中读书活动的策源地和大舞台,阅读推广活动一般由高校图书馆推动。高校图书馆的服务对象主要是青年学生及教师,阅读推广活动在很大程度上就是针对大学生展开的。大学生除了阅读专业文献,还需要阅读那些与他们心理成长和人格完善有关的书籍。

阅读推广可以提升图书馆的服务能力,符合图书馆核心价值的阅读推广目标:让不喜欢阅读的人喜欢上阅读,让不会阅读的人学会阅读,让阅读有困难的人跨越阅读的障碍。针对大学生进行阅读推广的目标主要有以下几点:提升资源使用率;提升大学生阅读意愿和阅读能力;提供阅读交流的平台。阅读推广的内容则主要是图书馆的资源及服务,而推广的方式则是在线上、线下开展大学生喜闻乐见的各种活动。

### 二、阅读推广主要形式

高校图书馆开展的阅读推广活动形式种类多样,既有名家讲坛、读书沙龙,也有知识竞赛、设计大赛等,活动目的在于激发学生的读书兴趣和创作热情,使图书馆服务理念深入人心。调查发现,高校图书馆的阅读推广活动主要有名师讲座、推荐书目、读书征文、阅读辅导、微书评、图书馆知识竞赛等形式。

## 三、阅读推广策划原则

高校图书馆开展阅读推广活动的目的是吸引大学生的注意及参与，详尽细致的策划方案是阅读推广活动顺利开展的保证。

### （一）针对性与整体性的协调

每一次的阅读推广活动都应该具有针对性，针对一定的目标群体。高校图书馆的阅读推广活动需要有明确的目标群体。主要原因在于，不同年级、不同年龄阶段、不同学生的阅读规律、阅读倾向、阅读积累程度有所差别，鉴于此，高校图书馆的阅读推广活动应该针对不同的群体开展有针对性的指导活动和咨询活动。阅读推广活动的对象划分越细致，工作就越具有针对性，越可以满足不同群体的阅读需求。大体上来说，大学生可以分为三种，本科生、硕士生、博士生。在高校，图书馆的阅读推广活动的主要对象是本科生，阅读推广活动针对新生和老生的活动是不同的。新生在刚刚进入学校之后，首先需要对图书馆进行了解，不断提高信息素养；老生已经对图书馆有了基本了解，他们更加希望可以找到自己想看的书籍；大三、大四的学生希望在阅读推广中可以获得写论文、找工作、考研等方面的指导。不同学科的不同学生群体对阅读的需求也是不同的。

阅读推广还要考虑整体性，包括与图书馆服务宗旨协调一致，兼顾图书馆各个读者群体，协调阅读推广工作中的各个环节。大学生层次不同，因此在策划活动时要统筹考虑，不能只考虑某一个群体的需要，如不能只考虑新生的需求，也不能只考虑老生或毕业生的需求，在布局阅读推广活动时，先做通盘考虑，再做适当倾斜。例如，在秋季，考虑到新生入学，可以多组织一些面向新生的活动，再适当地组织一些针对高年级学生的活动；到了春季，活动内容可以适当向高年级学生倾斜，再适当地布局一些针对低年级学生的活动。

### （二）科学性与前瞻性的结合

第一，阅读推广活动在策划的时候应该确保有明确的宗旨和正确的导向，主要目的在于引导学生进行阅读，促进学生爱上阅读。第二，在内容和形式上，阅读推广活动应该具有可操作性，要在人力上、物力上保证活动的顺利开展。

阅读推广活动的策划也要有前瞻性。除针对纸质图书等开展活动外，还要时时关注网络化环境下新技术的发展及读者阅读习惯的变化，要跟踪数字阅读、掌上阅读、新媒体等的发展，创新活动形式，不断策划新的主题活动。

## （三）兼顾计划性与可持续性

每一次的阅读推广活动在开展之前都需要长时间的准备，只有这样才能保证活动的效果与质量。在策划活动之前就应该考虑到资源、经费以及人力问题，还应该考虑到地点、时间等问题，在策划活动之前为要策划的活动做好准备，创造相关的条件。

阅读推广活动的开展可以让读者在活动中养成良好的阅读习惯，高校也可以借此进行阅读文化建设。这是一个长期的过程，一两次的阅读推广活动是没有办法实现这一目标的，因此高校图书馆的阅读推广活动不仅是一种运动型、节日型的活动，还应该建立长效的发展机制，不但需要在资源和经费上做出整体的安排和规划，还应该在人力等方面进行调整和调度。在进行阅读推广活动策划的时候应该将可以反复开展的活动打造成品牌，树立起口碑。在经历阅读推广活动的反复刺激和影响后，读者在潜移默化中会提高参与的积极性并提高阅读的欲望和兴趣。比如，高校可以可持续性开展"一城一书"活动，可以以年、季为周期，也可以以月、周为周期，每一个周期都有不同的书籍，这样可以提高书籍的使用率，帮助学生养成良好的阅读习惯。当然，高校也可以采用"一校一书"这种立体的阅读模式开展阅读推广活动。

## （四）创意性与常规性的平衡

高校开展阅读推广活动的目的在于让更多的人参与活动中，在活动中提高阅读兴趣和阅读的积极性，同时宣传阅读推广活动的创意，提升宣传效果。是否引起了大学生广泛的共鸣，是否给读者留下了深刻的印象，是否得到了广泛的关注，这些是衡量阅读推广活动是否具有创意的重要指标。

高校图书馆可以举办一些创意活动，这些活动要突破传统的模式，打破常规，可以让学生眼前一亮，吸引学生参与其中。因此，高校图书馆在进行策划的时候要保证策划方案具有趣味性、新颖性、个性、挑战性，才能使阅读推广活动具有让人眼前一亮的感觉，抓住学生的眼球。

但创意性活动需要更多的人、财、物，对技术也有更高的要求。图书馆也不可能将所有活动都打造成创意性活动。阅读推广活动本就有常规与非常规之分。常规性活动，在图书馆内经常性地开展，较利于营造品牌和口碑。

图书馆阅读推广活动的策划要特别注意在创意性和常规性间寻找一个平衡点，将常规性活动打造成品牌，在人、财、物条件合宜的情况下，开展创意性活动，收获锦上添花的效果。

## 四、阅读推广策划模式

阅读推广活动的策划应该具有创新性，要开展精准化、多样化的阅读推广活动。高校图书馆的阅读推广活动还需要内外合作才能获得最好的效果。

### （一）头脑风暴法

创新性思维是创新推广方式的首要前提，当前高校的阅读推广活动中需要新创意加入其中，需要体现出创新精神和开拓精神，不仅在内容上要有所突破，在形式上还应该有所创新。图书馆在确定阅读推广的主题之后，为了保证活动的创造性，可以让不同专业、不同性格、不同岗位的人员组成小组，在轻松融洽的气氛中进行讨论研究，各抒己见。在几乎没有限制的条件下，可以激发起众人的热情和激情，激烈讨论，发表自己的看法，形成思想的风暴，在这样的环境中突破原有的束缚，可以最大限度发挥出每个人的创造能力和思维能力，碰撞出思想的火花。

### （二）众包模式

早在2006年就产生了众包模式，其主要指的是公司和机构将之前由工作人员完成的工作和任务外包给大众网络的做法。换句话说，让更多的人参与到一个机构的活动之中，以此来实现集思广益的目的。图书馆可以通过众包模式来提高图书馆的服务水平，助力教学科研。图书馆的阅读推广活动可以通过众包模式将不同文化背景的人吸引到活动之中，建立多元化的阅读推广体系，在这样的模式下可以帮助图书馆提高阅读推广的包容性、创新性。在图书馆外部引入更多的人才，让他们参与其中，这可以从读者的角度出发，吸引更多的同龄人参与其中，帮助图书馆打开阅读推广活动的局面。

高校图书馆将众包模式引入阅读推广活动中具有一定的积极性和可行性。高校有很多学生队伍和群体，图书馆与其他的部门和机构之间也存在着长期的合作关系，这些都成为实行众包服务的坚实基础和前提。图书馆众包项目的志愿者可以由学生组织和网络中的粉丝组成，主要作用在于帮助图书馆完成合作任务。同时，高校图书馆还可以在推广策划方面使用众包模式，汇集集体的智慧，进行创新。

## 五、阅读推广策划流程

### （一）"知己知彼"，做好前期调研

1. "知己"——对图书馆的资源与服务特色进行梳理与整理

策划人员只有对本馆的资源与服务有充分的了解，才能进行有针对性的推介。一种方式是依托大众性的资源和服务进行阅读推广策划，如结合好书榜、获奖图书等开展书展和读书会。另一种方式是挖掘图书馆特色资源和服务进行阅读推广策划，推出专题活动。如清华大学图书馆在102周年校庆日来临之际，推出首期专题书架——"清华人与清华大学"，活动从校图书馆（逸夫馆、老馆）馆藏中精选138本图书，这些图书有的是官方校史，有的是校友忆作，有的是校史研究著作，还有的是清华子弟的回忆文章。武汉大学图书馆针对自己的馆藏资源特色，推出"馆藏特色文献推介展"，内容包括民国文献、港台文献、抗战文献、诺奖文学、边界研究等五大专题。

2. "知彼"——了解读者才能进行有针对性的推介

第一，通过前期调研了解读者的需求。

阅读推广活动的前期调研很重要，要以读者为中心，重视读者的体验，充分了解高校读者的阅读兴趣和阅读爱好，针对高校读者用户的兴趣爱好进行选题策划，让读者真正成为阅读推广活动选题策划的参与者。通过观察或调查、访谈、座谈，设置建议箱，运用图书馆流通数据分析等方法，多方面了解读者需求。

第二，根据大学生阅读的类型进行推介。

大学生阅读的类型可分为目的阅读型、从众阅读型、随意阅读型。目的阅读型读者有较明确的目的，他们根据需求选择图书，如阅读考试类书籍、英语学习书籍、论文写作书籍、小说等，这类读者往往有明确的书单，图书馆可根据这类读者的需求补充馆藏，引导其阅读更多相关书籍。从众阅读型读者大多是别人读什么，他就读什么，对这类读者可重点进行荐读服务。随意阅读型读者数量较多，这类读者到图书馆往往没有明确的目标，在书架中看到合意的书就随意看，一般也不会深入地读某本书，对这类读者可以开具书单进行引导。

第三，阅读推广时机的选择。

阅读推广时机的选择很重要。例如对刚进大学的学生推荐论文写作方面的书籍，效果不会好；适时适宜地开展荐读活动才会有比较好的效果。每年9月份，大学新生到校，图书馆阅读推广的重点可以围绕这些新生进行，帮助新生更好地

适应大学的学习和生活；每年 11 月份，可以针对研究生群体进行开题或专业写作方面的书目推荐；每年 5—6 月份，可以针对毕业生开展创业方面的书目推荐活动或讲座。

## （二）确定活动意向

图书馆阅读推广的总体目标是推广资源与服务，但一项具体活动的开展需要有一个清晰的意向，这样策划才有方向。

从近几年阅读推广活动的开展来看，可初步将活动意向归纳为以下几种。

1. 引导阅读

引导阅读主要是开展专题书目推广或书展活动。这类活动的策划主要围绕大学生读者进行阅读推广，倡导健康的阅读风气，兼具知识性、思想性和趣味性。

2. 学术、思想、文化的交流和分享

（1）大型讲座。举办各类型文化讲座，促进文化传承和创新。

（2）小型读书沙龙。设立欣赏文艺作品、分享阅读感悟、培养人文素养的阅读交流平台，强调交流分享。

（3）真人阅读。以面对面的形式沟通，分享多样人生经历和感悟。人即是书，书即是人，人书合一。

3. 阅读感悟和分享

（1）读书征文。强调以阅读感想和阅读思考为中心，写出自己不同的见解和真情实感，可读性强，对同龄人有启发。

（2）书评大赛。可以是不同主题的书评大赛或网上微书评活动，字数不限，强调感悟。

4. 提升资源的推广利用率

（1）针对电子资源推广可举行"学术搜索之星"挑战赛或数据库有奖竞答等活动。

（2）针对纸本资源可举行"找书达人——图书搜寻大赛"或书山寻宝类活动，让新生通过游戏比赛的方式学习书号知识，更快速、更准确地找到所需图书。

5. 加强阅读资源的循环传递

图书互换会、图书漂流活动可以让读者各取所需，让书籍流动到最有需求的人手上。

6. 加强阅读的示范效应

"借阅之星评奖""读书之星比赛"等活动可以用身边的实例激发学生的阅读兴趣。

## （三）确定选题

在阅读推广策划实践中，要初步确定开展哪方面的活动，如书展或读书征文，但选题往往又是一个难点。如果不想落入俗套，使活动接地气且具有学术性、时事性、知识性、趣味性，可参考以下方法：

1. 关注社会热点

目前大学生获取信息的途径有很多，微博、微信以及各大主流媒体每天推送的新闻也有很多，图书馆如果将活动与热点有机结合起来，能瞬间抓住大学生的兴趣点。例如，在莫言获得诺贝尔文学奖后，图书馆推出诺贝尔文学奖获奖作品的推荐书目，便能抓住大学生的眼球。2015年，借中国药学家屠呦呦获诺贝尔生理学或医学奖的契机，武汉大学图书馆一方面推出中医药书籍的专题书展，另一方面在信息搜索大赛中推出类似"屠呦呦发表的一篇文章《中药青蒿化学成分的研究》引用率很高，通过中国知网查找这篇文章被引用了多少次？"这样的微博抢答活动，瞬间吸粉无数，产生了相当不错的反响。

2. 关注文化机构的热点

一些文化机构如出版社、学校、书店等的活动和网站是阅读推广策划人员需要经常关注的。年度好书榜、文学奖获评图书等都可以作为活动选题，借此可策划一系列活动。例如，上海交通大学图书馆的"好书中的好书"主题书展、华中科技大学图书馆的新浪读书和凤凰读书网等媒体好书榜推荐书单等，即为不错的选题。

3. 结合节日或纪念日进行选题

节日或纪念日通常蕴含着历史文化内涵或跟某个重大历史事件相关。借助节日或纪念日，可开展活动，可亲近传统文化，夯实文化底蕴，提高人文素养。例如，在端午节举办屈原古诗朗诵赛。上海交通大学图书馆曾推出"元宵节和图书馆在一起，猜灯谜，留感想，品美味"活动；清华大学图书馆曾推出"了解女性专题书架"；北京师范大学图书馆曾举办"致敬大师：汤显祖与莎士比亚"立体阅读活动，融专家讲座、主题书展和影像展播于一体。这些活动都能引起学生共鸣，提高活动参与度。

### 4. 结合本校特色、重大活动和校友等进行选题

阅读推广活动还可以与本校特色、重大活动（如校庆、馆庆、纪念日）、校友等紧密结合，吸引更多学生关注。如清华大学与校庆日结合的"清华人与清华大学"专题书展，清华大学图书馆结合百年馆庆开展岁月留痕、清华藏珍、馆庆书系、系列展览等活动；北京大学图书馆结合秋季迎新推荐书目展，围绕"认识北大、热爱北大、适应北大、享受北大""走近大师、提升素养"等主题，精选了一批适合新生阅读的书，产生了不错的反响。

## （四）实施策划

### 1. 整体规划

根据高校本身的特点及学生利用图书馆的规律，图书馆的活动基本可分为常规阅读推广活动、专题阅读活动以及吸引眼球的创意推广活动。图书馆根据自身特点，可开展不同层次的活动。

整体规划需明确的主要问题有活动主旨、活动主题、活动时间跨度、活动组织方和合作方、活动主要内容、活动进度、活动子项目任务分工的落实、活动经费预算、活动预期效果、效果评估方法等。整体规划主要是从全局统筹阅读推广活动的内容和人力、财力、物力、技术、时间与空间等资源的分配。以上各项内容都要考虑周全，从必要性和可行性两方面进行决策。特别要注意在策划与实施之间寻找平衡点，有些非常好的创意，但囿于现实条件，往往难以实施，会导致半途而废。

### 2. 设计活动方案

在整体规划的统筹下，对于各个阅读推广子项目，还要设计具体的实施方案，实施方案一般由子项目负责人根据统一要求起草制订。实施方案解决的问题更加具体，包括要做什么、怎么做以及事后的评估。

要做什么，即确定活动主题，确定活动对象、活动内容、活动形式。

怎么做，即确定活动管理方式、活动人力安排、时间安排、活动奖励方式、合作方式以及活动宣传方式（纸媒宣传及微博、微信、图书馆网站、合作网站等新媒体的宣传）。

# 第六章　全民阅读视域下高校阅读推广实践

本章主要内容为全民阅读视域下高校阅读推广实践，详细介绍了基于阅读共同体的高校阅读模式构建、实践初探：高校经典阅读工程建设、"五位一体"大学生阅读体系建设。

## 第一节　基于阅读共同体的高校阅读模式构建

根据阅读共同体的概念，最适合构建阅读共同体的领域是高校经典阅读推广。高校图书馆阅读推广人、专家学者、大学生、图书馆资源平台和空间构成了高校经典阅读共同体的主要组成部分。根据阅读共同体的目标构建，有三大目标将体现在高校经典阅读共同体中：第一个目标是学校要提升学生的人文素养；第二个目标是图书馆提升资源利用率，发挥经典的最大效能，从而向大学生推荐阅读书目；第三个目标是大学生渴求获得更多的知识。这三大目标正是高校经典阅读推广的最终目标，是催生阅读共同体形成的原动力。综上所述，最适合构建阅读共同体的领域是高校经典阅读推广。

### 一、高校经典阅读共同体构建方式

构建高校经典阅读共同体有两种方式：一是自上而下，二是自下而上。

#### （一）自上而下

自上而下的阅读共同体构建模式相对读者而言是一种外部推动模式。它依靠专家的权威及其渊博的知识、学校行政政策的推动力、图书馆阅读推广策略，以先入为主的形式，构建阅读共同体。学校为了提升学生的人文素养，组成专家团队，通过图书馆阅读推广人的组织和策划，以纳入的方式或者以报名参与的方式开展阅读推广活动，学生可以通过努力获得某种荣誉或者奖励，从而实现阅读的目标。这种模式的优势在于它有很强的预见性，并且提前设定某种规划，使得读者进入共同体之后，或由于知识的诱惑力、环境的良好构建、共同协作促进的良好氛围而产生了阅读兴趣，或迫于目标和规则的压力而必须进行阅读训练。自上而下模式针对学习自律性较差的学生效果更加明显。

## （二）自下而上

自下而上的阅读共同体构建模式是一种内部激励模式。学生组织或者学生个人为了实现某个目标、解决某个问题或者纯粹出于兴趣爱好，通过图书馆阅读推广平台表达阅读需求或者意愿，图书馆阅读推广人策划经典阅读活动，联络专家确定经典书目、发布阅读信息，其他学生报名进入阅读共同体，然后开展经典阅读活动，图书馆在阅读活动结束后评价并展示阅读成果。这种模式的优势在于它有很好的阅读基础，不需要费尽心思引导学生阅读经典，只需根据学生强烈的阅读意愿组织活动，并引导学生深入阅读和扩展阅读，从深度和广度两方面增加学生对经典的认识和研读。自下而上模式主要针对兴趣爱好相同的学生建立共同阅读圈。

## 二、高校经典阅读共同体构建条件

### （一）硬件建设

硬件建设是支撑经典阅读共同体持续下去的物质条件。图书馆环境的建设和空间再造是硬件建设的主要部分。首先要建立环境优雅的经典阅读室，为了满足经典阅读环境的需求，就需要分类建设各具特色的经典阅读室。图书馆可以和学校各个院系、部门合作建立相关学科的经典阅读室，购置相当数量的经典复本，建造一个经典阅读的环境场。如浙江大学历时4年分批在各个院系建成多个阅读基地，形成良好的品牌效应。其次要建设多个小组研讨室，里面要配备完整的设施，包括要用到的仪器和设备等，满足阅读共同体开展研读活动之需。最后要建设录音室、表演室、成果展示或汇报区，为阅读共同体成员再现经典以及经典阅读传播推广提供条件。

### （二）软件建设

软件建设方面包括人员配置、平台搭建和制度建设。人员配置包括专家学者的选择、图书馆阅读推广人的培养。图书馆可以根据经典所属学科进行分类，面向全校招募专家学者，从而形成导师团队，可以建立某学科大类导师团队单元，也可以建立某一种经典的导师团队单元，利用导师的人格魅力和知识水平引导学生阅读、理解经典。图书馆阅读推广人也可以根据学科服务的模式，各自负责相关学科的经典阅读，但图书馆要选择有一定资历、有良好阅读习惯、有较强的组织协调能力的图书馆人作为阅读推广人，才能让阅读推广活动持续下去并形成推动力。在阅读推广人培育方面，最近几年从中国图书馆学会层面开始，各个层级不断推进阅读推广人的培育，阅读推广人系列教材也已经出版了，颇具成果，但活动组织技能培训并不能代表本身文化素养的提高，阅读推广人的核心素质如阅读习惯、阅读兴趣、科研能力等各个方面还需要进行提升。

平台搭建主要是借助现代技术，为阅读共同体搭建一个交流、互动和信息获取的场所。平台搭建有助于阅读共同体成员之间随时随地进行交流，实时解决问题，发起讨论并完成阅读任务。它是沟通成员之间的便捷桥梁，并可以使活动的发起、实施、评价、奖励等阶段实现无缝连接。

制度建设是阅读共同体持续发展的保障。制度始终是为目标和任务服务的，高校经典阅读应以学校人才培养目标为最高目标。阅读共同体应计划如何通过共同体单元来实现学校的目标，因此需要良好的制度建设作为保障，以促使其持续发展。这些制度主要包括高校经典阅读共同体领导机构的建立、导师制度建设、图书馆在阅读共同体中所处的地位和应起到的作用、阅读共同体单元推动者和负责人的职责、阅读共同体成员的筛选和控制、活动流程的设置、活动过程的细节控制等。

综上所述，高校经典阅读是组建阅读共同体的最佳领域，两种阅读共同体模式的构建都依赖于图书馆提供的硬件设施和软件设施两方面的保障。图书馆资源、平台、空间、制度，导师团队，阅读推广人、组织者，读者，是阅读共同体的四个核心部分，缺一不可（图6-1）。读者、阅读推广人、组织者，导师团队，可以重新组合成不同的阅读共同体单元；而图书馆资源、平台、空间、制度是恒定不变的，可以通过不断升级和改进，以适合阅读共同体发展目标的需要，成为阅读共同体的基石和保障。

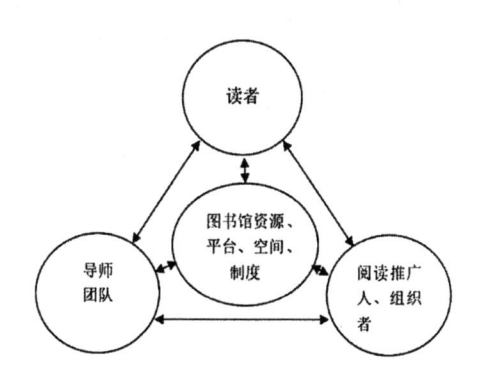

图 6-1 高校经典阅读共同体的核心部分

## 第二节 实践初探：高校经典阅读工程建设

### 一、高校经典阅读

人类文明发展的最高成就是经典，经典也成为人类了解文明发展历程的重要渠道。大学生学习经典著作所提供的普遍性知识是大学教育的一项重要功能。大学为学生提供的不是专门的技能和专门的知识，这种专门的知识和技能是职业培训机构研究的重要内容，大学所传播的是普遍性的知识，让学生可以解决思辨问题，大学重要的使命和任务就是培养人才。在当今社会中，全球范围内都强调对大学生进行通识教育，强调融合人文教育与科学教育的培养，主要目的在于促进学生的全面发展，尤其是促进其人格的发展。

北京大学高等人文研究院院长杜维明教授指出：通识教育的核心就在于阅读经典文本，逐字逐句地阅读。[①] 通识教育之培养通人（而非通才），是指通达人类精神的健全个人。缺少这种经历，个体很难真正上升到普遍性。北京大学信息管理系的王余光教授也认为：经典是必备的知识，现代人文素质的培养就应该从阅读传统经典开始。[②]

美国芝加哥大学从20世纪30年代开始实施经典阅读。芝加哥大学前校长赫钦斯（Hutchins）开设了名著阅读课程，并推进了名著阅读运动。我国有胡适、梁启超两位先生先后为国学经典开出必读书目。目前有许多高校在开展通识教育，开设经典阅读课程，如北京大学元培学院、复旦大学复旦学院、中山大学博雅学院等。其他国内各个高校也都在开展经典阅读课程，或选修，或必修，引导青年学子阅读经典，但是涉及面较窄，很难得到普及。有些高校学子在家庭教育和中小学教育中都没有感受过经典阅读教育，经典阅读量有限。

### 二、高校经典阅读工程设置

#### （一）经典阅读工程课程设置方案探索

经过多年的阅读推广探索后，高校经典阅读工程方案如下：（1）选定30本经典书目为在校大学生必读书目。（2）为每本书选定一个导师或者一个导师团队。

---

[①] 肖伟光，陈冀，鄢蕾，等.经典阅读与生命关怀：杜维明教授访谈[J].北京大学研究生学志，2010（4）：11-14.

[②] 王姗姗，王余光.传统经典阅读的当今意义[J].中国图书评论，2004（6）：4-7.

导师为该书录制阅读辅导视频教程，并做好辅导课件。导师进行大学生日常阅读的网络在线指导，组织该书的书评、读后感的评选工作以及本书的阅读交流互动活动。（3）导师结合图书内容，为每本书完成客观题的命题工作，建立阅读考试系统题库。（4）30本书按照难易程度进行递进分为三个等级，分别对应大一、大二、大三，每个年级只需读为本年级设定的10本经典书。读完一本书之后参加该书的经典阅读在线考试，由阅读考试系统在这本书的题库中自动抽取100道题组成试卷考试，学生可以多次参加同一本书的考试，最终成绩为多次考试中的最高分，记入档案。（5）经典阅读设为全校学生必修课，读完30本经典书并考核合格者给予相应的阅读学分，准予毕业。

与很多学校经典阅读不同的是：首先，这个方案的重点在于其是一种强制性措施，用全校必修学分来要求所有的学生必须选择经典阅读这一门课程，并且每个学期都要阅读一定量的经典。如此一来，学生在校期间能广泛阅读各种经典，并参与阅读活动，使学生不得不将空余时间的一部分用来阅读经典，从而使学生养成一种良好的习惯。其次，这个方案建立了一整套的阅读生态系统，导师指导团队、图书馆资源保障、考试系统设置环节、读书活动，一系列的阅读规划活动，促进经典阅读活动的发生和蓬勃发展。最后，经典阅读考试系统的设置能检验学生是否阅读了这些经典。公开的考试系统，学生随时随地可以考试，这种方式受到了很多质疑，认为学生有可能作弊。这种担心其实是不必要的，考试系统中每本书相关的1500道试题库形成的试卷，对于一部20万字到50万字左右的经典书来说，几乎每个段落都涉及考题。拿20万字的书来讲，一百来字就可能有一个试题。所以，在1500道题的题库催动下，这本书所有的知识都将涉及，而且考试是公开的。这种模式真正的理念是以考代阅，重点不是考试，而是让学生边考试边阅读，等做完这些题目，这本书的基本内容和思想差不多就熟悉了。考试几乎就像是游戏，考第一次成绩不理想，来不及做完，还可以等再次熟悉书的内容后，考第二次，并且可以多次考试。学生在考试做题当中可能对这本经典的某一句话、某一种思想观点产生共鸣，从而回头再抽时间来细看这本书，仔细揣摩，结合自己的体验，产生新的思想和观点。这些方方面面的措施，都围绕着经典阅读进行，并产生效果。

以上这些内容在以前的经典阅读活动中极少出现，即使出现了也只是其中的一部分，没有做到整体地、系统地、全方位地开展。我们希望通过这样一种形式，推动高校本科生全员参与经典阅读，增长智慧。

## （二）经典阅读工程方案实施保障体系构建探索

经典阅读工程方案实施需建立多重保障体系。保障体系大致可分成三个部分：一是管理支撑。学校成立高校经典阅读指导委员会，校主要领导直接负责，任经典阅读指导委员会主任，学生处、校团委、教务处、图书馆、宣传部以及相关院系主要分管领导担任委员，各部门通力合作，支持、负责和指导经典阅读工程建设。将经典阅读写入大学生培养计划，设置经典阅读课程实施细则，建立奖惩制度以及其他相关的制度。二是资源保障。图书馆为经典阅读提供足够的纸质复本数和电子阅读途径，主要提供经典阅读场所（包括经典书目以及扩展阅读书目的复本数和经典阅读阅览室）和电子文本的获取方式，保障读者随时随地都能获取资源进行阅读。三是经费保障。学校设立经典阅读专项经费，通过前期的投入，每年经费的持续投入，为资源获取、阅读环境建设、导师课程建设、配套阅读活动的开展和阅读考试系统的开发维护等提供专项经费保障。经费的投入是经典阅读工程的重要保障，必须保障持续投入，做好每年的资金保障计划。很多经典阅读活动的开展主要是因为活动的不连续导致经费保障的不连续，从而形成了一种碎片化的活动，成效难以显现。

## （三）经典阅读氛围营造

经典阅读氛围营造主要是针对经典开展各种相关的活动，使大学生在阅读经典的同时，不觉得阅读经典是一件枯燥干瘪的事情，而是充满了热情、向往和渴望。

经典阅读活动的开展要使学生能够学以致用，让他们在思想上得到满足，在精神上得到丰富，并且能够展现自身，产生相应的荣誉感。因此，经典阅读活动的开展必须以能够培养学生三种能力为目标：第一，阅读和思考的能力；第二，写作的能力；第三，演讲的能力。

活动的组织部门主要为宣传部、学生处、校团委、图书馆以及教务处。宣传部加大经典阅读宣传力度，学生处、校团委大力组织相关经典阅读活动，图书馆保障经典书的借阅需求，教务处建设经典阅读精品课程，各部门通力合作，潜移默化地让学生认识到学生应以拥有经典的知识为荣，通过经典阅读更加深入地认识世界、认识自身。

活动开展的方式有很多，如就某一种或者某一类经典进行朗诵活动，就经典中的某一观点开展主题辩论或者主题演讲活动，读经典书评征文大赛，读经典舞台剧演出，共读一本经典谈论交流会，经典阅读之星评比大赛等。每一项活动都设置奖品和证书。

## 三、经典阅读工程实施中的重点环节

经典阅读工程必须有计划、有组织、有步骤地进行。在实施的过程中，有几个环节要重点建设：确定书目、阅读系统建设、导师团队建设。

### （一）确定书目

经典书目是整个经典阅读工程的基础。学生应该读哪些书，怎样进行考核，怎样产生比较好的阅读效果，都涉及经典书目的确定。考虑到经典阅读工程的设置只能有选择地确定 30 本经典阅读书目，所以也涉及很多经典书目的取舍。

在经典书目设置过程中，经典书目审定主要依照以下两个方面来进行。

1. 经典书目应具备的特征

经典性：必须是经过千百年的洗练、经过历史沉淀而流传下来的书，现当代流行书一般不予考虑。

人文性：选择图书注重人文素质的培养。

可考核性：每本书都要出一个大型题库，因此要考虑到书的篇幅，必须能够达到出题的篇幅，一般在 20 万字到 50 万字为宜。篇幅过长的大部头经典书目，需要长时间阅读，不在入选之列。

可拓展性：选择的书要有可延伸性阅读的大量相关书目，能够使读者在读完这本书后还能获得相关书的关联性阅读信息。如读了"四书"，为了更加深入了解，可能需要去读注释版本。

可表演性：书中的内容要有能改编或者进行表演的可能。这主要依据读书活动的开展来认定。如哲学著作可以改编成对话的形式，小说、诗歌等可以改编成舞台剧，或者根据某个主题展开辩论或演讲等。

2. 经典书目选择的原则

经典书目选择的原则，有以下四个：一是普适性原则，书目不但要文科生能认真去读，而且要理工科学生也能认真阅读下去；二是去学科化，没有明显的学科倾向性；三是具有强烈的思想和价值观；四是主要经典包含在文史哲范围中。

经典书目的选择特征和选择原则决定了并不是所有的经典都能被选入课程设置中。还有一大部分的经典书，尤其是篇幅短小的经典书，很难进入这个书目中，如《论人类不平等的起源和基础》没有入选，《论语》《孟子》《大学》《中庸》由于篇幅短小而集中用了朱熹的《四书章句集注》。还有一些晦涩难读的经典也被筛掉，如《纯粹理性批判》《国富论》等。另外，有一些不符合主流价值观的经典也被筛掉。经过甄别筛选的经典，总体来说适合大学本科生阅读。很多被筛掉的经典都进入了扩展书目中，将在阅读活动中作为推荐书让大学生阅读。

### （二）阅读系统建设

经典阅读系统建设包括经典网站建设和考试系统建设。它是整个经典阅读的技术支撑体系。网站的设计必须考虑到各个终端的访问，手机、电脑等能成功通过网络访问经典阅读网站。学生通过对经典阅读网站的访问，可以了解自己当前要阅读的书，并可以从网站中获取阅读内容，可在线阅读，也可以离线阅读。导师在网站上发布书目导读文本和视频，学生可以通过登录网站和导师进行互动，还可以和读同一本书的同学共同讨论，发布读书心得。网站及时发布各种读书活动，同时让学生积极组织和参与这些活动。在学生读完一本书时，可以直接通过网站进入考试系统进行测评。考试系统必须具备题库建设、试卷形成、自动考试、自动阅卷评分、成绩评优统计等各项功能。

考试系统和经典阅读网站需要很高的技术要求，各个方面都必须充分考虑到，要遵循人性化原则，使读者能够融入其中。

### （三）导师团队建设

导师团队建设是经典阅读工程可持续发展的重要力量。每本书配备一个导师团队，由一位专家教授带队，培养几位青年教师共同负责这本经典书的系统建设。这个团队要负责试题库的建设、导读建设（包括幻灯片、视频、答疑等）、读书交流活动的辅导和设置、扩展阅读的建议和导读等各方面的事务，这些都需要这个团队以极高的热情进行工作，引导经典阅读。因此，导师团队建设需要以一个有凝聚力的教授为核心，该教授要对这本经典书有极高的认识和研究，对这本书的研究保持极高的热情，并愿意不断将自己对这本书的认识和见解同大学生读者进行交流与分享，同时指导团队的青年教师围绕这本经典所涉及的内容和主题等各个方面进行深入研究、扩展研究，这样也可以为青年教师的科学研究带来新的课题和研究方向。导师团队应成为高校经典阅读的领导人，引导大学生积极加入经典阅读中来。

经典阅读的热潮已经在全国掀起，高校作为经典阅读的主要阵地，须采取一些必要的措施，率先为经典阅读播下一颗优秀的种子，让高校学子养成一种良好的阅读习惯，建立良好的校园读书氛围，使大学生毕业之后也能带动经典阅读在家庭、单位乃至整个社会持续进行下去，这样才能使中华民族整体文化素质得以提高，中华文化和世界文化得到弘扬。

## 第三节 "五位一体"大学生阅读体系建设

### 一、以经典书目引领内容建设

经典阅读对于当代大学生有重要的意义，大学生通过阅读经典可以获取更多的理论知识，提高个人修养，传承民族文化，培养独立思考能力，增进文化自觉，提升人文精神，等等。强化经典阅读，有助于大学生养成良好的阅读习惯。有些大学生在阅读内容的选择上存在一定的误区，其主要原因是一些大学生对阅读内容的辨识度不高、对阅读内容的价值判断存在偏差、追求新鲜时尚等。因此，高校应注重加强大学生思想政治工作，首先应该从大学生接触的阅读内容着手，引导大学生阅读经典，从经典中吸取精华。经典书目在精而不在多，经典的意义就在于能引起读者的反思。朱光潜在《谈读书》里说，书多易使读者迷失方向。世界上任何一种学问的书都可以装满一座图书馆，其中真正绝对不可不读的基本著作往往不过数十部。对于本科生来说，能在大学四年里精读、深阅读、反复阅读经典书目，其思想认识必定能得到极大的提高。

### 二、以导师团队促进师资建设

经典著作本身极具启发意义，它们超越了全部的教育技术和学术技巧，其本身就是方法学大师，教师只能尝试着成为作者传授其思想的手段而已。从这个角度来讲，经典对人的影响力要大于教师对人的影响。虽然如此，但对读者来说，阅读晦涩的经典文本时，依然希望有人给予指点和解读，以使自己更快地掌握经典的精髓和阅读的技巧。从这一点出发，读者最希望能得到对于这本经典最有研究或者最熟悉的专家的解读和帮助。因此，对某一经典领域有专门研究的导师掌握着打开学生理解该经典之门的钥匙。为了加强导师的凝聚力和积极性，高校应为导师团队设立经典研究项目，包括经典解读、测试题库建设、导读书的出版、导读视频的制作等一个个小项目，在导师为经典阅读付出的同时，使其收获一系列的教学、科研等劳动成果。通过这些保障措施，能打造出一支在教学及科研上都有突出成果的导师队伍,并利用激励机制形成良性循环,使导师团队成长为一支在人文素养教育和思想政治工作上都具有强大战斗力的队伍。

### 三、以阅读空间打造环境建设

晏子曰:"橘生淮南则为橘,生于淮北则为枳。"这说明环境对人的成长起关键的作用,什么样的环境能造就什么样的人。阅读也是如此。德国哲学家伽达默尔(Gadamer)认为,阅读是一种纯粹内在的事。换句话说,虽然阅读内容是公共的,但阅读行为是私密的。根据阅读行为的私密性,高校可以从两个方面为学生打造良好的经典阅读物理空间。第一方面是在图书馆建立环境优雅的经典阅读室。经典阅读室设在图书馆中最好的位置,要注意采光、温度等因素,建设一批全私密、半私密的阅读座位,供学生阅读经典时使用。良好的环境氛围可以使学生纷纷进入阅读室阅读经典。高校同时可以将大量的其他经典书目从图书馆各个书库中选出,扩大学生经典阅读的范围,并在醒目的位置设置红色经典专架。红色经典专架上的书目主要包含《共产党宣言》等。第二方面是在各个二级学院建设经典阅读中心。联合学校各二级单位工会小家的建设以及党团活动中心的建设,在各个二级学院建设经典阅读中心。经典阅读中心配备传统经典书目和红色经典书目,并建立小型研讨室,方便二级学院定期邀请经典导师、中国关心下一代工作委员会(以下简称"中国关工委")宣讲团成员开展小型经典读书会。

另外,学校可以建设经典阅读网络平台,整个平台包括经典阅读电子书的阅读和下载、导师导读视频在线浏览和观看、优秀阅读书评展示、师生互动交流等板块,从而形成线上线下一体化的经典阅读环境。在手机软件建设上,学校可以借鉴优秀的阅读和学习类软件的功能,开发更加适合以经典阅读为核心内容的手机软件,提供给广大师生使用。

### 四、以经典测试评价阅读效果

任何一种工作要取得成就,必须有一个良好的控制过程。检验效果的主要方式是拥有一套完整的评价体系。测试或者考试是效果评价常用的方式。在以往的阅读推广工作中,无论工作过程多么细致和精彩,其成效往往是无法控制的。高校开展阅读推广活动的一般评价方式是给予学生一些素质拓展学分,很少真正测评每一个参与活动的成员在活动中达到什么样的程度。

高校可以开发一套完整的经典测试系统,这一系统可以检测学生有没有真正地产生阅读行为,也可以评价学生是否完整地阅读了规定的内容。并且系统的测试并不是一次性测试，学生可以不断测试。在阅读完经典后，学生对自己的测试成绩不满意，可以反复阅读经典，再次测试。这种方式符合经典可反复阅读的特性，也符合阅读的规律，使学生不会因为一次性考试不成功而产生巨大的心理压力。在这种情况下，有些学生在测试中逐渐地对某本经典产生极强的兴趣，不断地深入阅读。完整的经典测试系统和评价体系，成为提升高校经典阅读推广工作效果重要的一环。

## 五、以阅读共同体推进校园思想政治文化建设

校园文化建设是加强和改进大学生思想政治工作的主要载体。校园阅读文化是校园文化建设的主要内容。新时代的发展对校园文化建设提出了新的要求。网络文化为校园文化建设提供了便利、创造了机遇，同时也带来诸多挑战。为此，高校可以利用经典的权威性、引导性等诸多特征，构建经典阅读共同体，有效地利用传统阅读习惯和网络技术，以阅读共同体的构建重建校园文化，推进校园思想政治工作。

共同体有强大的凝聚力和浓厚的归属感，是人类在个人力量难以解决的社会困境和危机的推动下，为促进和完善成员的个人意志，从而实现团体最大效益而形成的群体。在阅读群体方面，阅读协会、阅读社区等也是一种阅读群体，但这些阅读群体在形式上相对松散，不具有强大的凝聚力，也没有紧密的协作关系。而阅读共同体成员相互之间有共同的、有约束力的思想信念，并在权威引领下构建积极、强烈的阅读协作关系而形成凝聚力和归属感。

经典的权威性和导师解读的权威性使阅读共同体建立在权威的基础上，从而形成强大的凝聚力，成为共同体成员心之所向。共同体的生成路径有两种：自上而下和自下而上。我国共同体的生成路径应以自上而下的政府培育为主导。"五位一体"模式最终的效果体现在阅读共同体建设和实施上。一系列措施和制度成为阅读共同体建设的重要保障，如经典阅读综合测试评分制度、经典测试指导手册、经典导师制度、大学生经典阅读工程项目章程、"三代同堂"共读经典活动章程、网络课程蓝墨云班课经典导读操作手册等。"五位一体"模式的建设，环环相扣，每一环都是阅读共同体建设不可缺少的一部分。在阅读共同体建设中，最重要的一环就是通过阅读共同体活动的开展建设校园阅读共同体文化。首先是阅读内容的选择。每一次活动选择一本经典。其次是阅读共同体成员的组织。阅读共同体每一次参与活动的成员可以是对这本经典感兴趣的全校师生，也可以是某个特定团体，如入党积极分子、一个班级、一个年级或者一个社团等。再次是

导师和管理人员的选择。该本经典的导师自动成为团体的导师，中国关工委宣讲团成员参与，管理人员根据共同体成员来定，如共同体成员为一个班级的话，这个班级的班主任自然成为该团体的管理者，另外有辅导员、图书馆阅读推广人等共同配合。最后是活动流程的策划。每本经典的阅读形成一个活动。活动时间跨度至少是一个月。参与共同体活动的成员在一个月之内完成该本经典的阅读并收获经典阅读的好习惯。成员每天通过手机软件在线上展示阅读的过程，摘抄阅读片段，撰写阅读心得，参与阅读讨论，在线下进行经典重现表演，如经典片段舞台剧、经典诵读等，阅读完成后撰写阅读书评。导师、管理人员和成员形成线上线下的交流和辅导。整个过程结束后，开展一次总结交流大会，表彰阅读中表现优秀的成员、优秀书评获得者和经典测试优秀者。这些优秀成员将在下一次同样的活动中展示自己的成果，以榜样的力量引领下一次共同体成员的阅读活动。每一次活动所有的总结材料归档，优秀的书评和优秀事迹形成小册子，印刷分发。

  以经典阅读来推动高校思想政治教育，这项工作是大有可为的。在经典阅读中建设阅读共同体文化，最终是以成员思想的进步、能力的提升为宗旨的。经典的引领使参与的成员在思想上得到了升华，尤其对中华优秀传统文化的认识和世界主流文明的吸收使成员在整个过程中能充分认识到作为一名大学生自身必须承担的责任。成员在导师的指引下，在活动过程中得到锻炼，不但收获了阅读经典的好习惯，而且通过阅读、思考、写作和表演，使自身的素质得到明显提升。

# 第七章　全民阅读视域下高校阅读推广效果评估

本章主要内容为全民阅读视域下高校阅读推广效果评估，从三个方面展开论述，分别是高校阅读推广评估方法概述、阅读推广用户满意度分析和阅读推广活动评价。

## 第一节　高校阅读推广评估方法概述

目前，高校图书馆阅读推广评估方法主要有问卷调查法、层次分析法、德尔菲法、变异系数法、因子分析法等。本节将结合具体案例对这些主要的阅读推广评估方法进行阐述。

### 一、问卷调查法

#### （一）基本理念与问卷设计

图书馆阅读推广评估的问卷调查法是指在阅读推广指标体系制定和问卷设计的基础上，面向高校图书馆的阅读群体发放相关问卷，并进行统计分析，从而对高校图书馆阅读推广活动效果与影响进行评估的一种方法。为了保障问卷回收的样本量，通常会采取纸质问卷与网络问卷相结合的方式开展问卷调查。

在阅读推广活动评价读者问卷设计上，通常可以用引语型、喜好型、开放式三个模块来设计问题（表7-1）。

为了保证问卷回收的简便性和可操作性，每个模块不宜设计太多的问题。引语型模块可以围绕对高校图书馆阅读推广活动的整体评价、大学生阅读存在的主要困难等方面设计单选或多选题。喜好型模块可以从阅读推广活动开展频次、高校图书馆阅读推广活动效果评价的影响因素、阅读推广活动效果等方面设计多选题。开放式模块可以从如何有效地开展阅读推广活动、如何有效地促进高校学生的阅读、对阅读推广活动的其他建议等方面设计开放式问题。

表 7-1 阅读推广活动评价读者问卷设计[①]

| 问题模块 | 序号 | 问题内容 | 题型 |
|---|---|---|---|
| 引语型 | 1 | 您对高校图书馆阅读推广活动的整体评价 | 单选 |
| | 2 | 您认为高校学生阅读存在的主要困难体现在什么方面？ | 多选 |
| 喜好型 | 1 | 您认为一年中阅读推广活动开展多少次为宜？ | 多选 |
| | 2 | 对高校图书馆阅读推广活动的效果进行评价，您认为下列哪些因素较为重要？ | 多选 |
| | 3 | 您认为阅读推广活动能起到如下作用吗？ | 多选 |
| 开放式 | 1 | 您认为还有哪些更好的阅读推广活动开展方式？ | 问答 |
| | 2 | 您认为应该如何有效地促进高校学生的阅读？ | 问答 |
| | 3 | 您对阅读推广活动的其他建议 | 问答 |

## （二）实践应用案例

学者对问卷调查法进行运用，从两方面（理论与实践）对高校图书馆阅读推广活动评价展开研究。

举例而言，立足如下三个层次，学者金秋萍为高校图书馆问卷设计了一系列调查问题。

其一，引入型问题，重点围绕阅读过程中大学生存在的问题和大学生对阅读的理解、认知。

其二，态度型问题，重点围绕大学生对阅读推广活动主要因素的认可程度和大学生对该活动的评价。

其三，讨论型问题，重点围绕大学生对阅读推广活动形式、方式提出的建议和意见。[②]

同时，基于此，金秋萍对广西师范学院、广西财经学院、广西大学高校书友会的 50 名学生会员进行召集，当这些会员在一定程度上了解、认知阅读推广活

---

[①] 岳修志.基于问卷调查的高校阅读推广活动评价[J].大学图书馆学报，2012（5）：101-106.
[②] 金秋萍.基于问卷调查的高校图书馆阅读推广活动评价分析[J].图书馆学研究，2014（24）：70-74.

动之后，将他们组织起来，举办座谈会，并在座谈会结束后向他们发放问卷，请学生会员对问卷进行填写。

在统计问卷并对其进行分析后，研究者发现，校际合作的图书馆数量、馆藏情况、图书馆内合作的部门数量是三个有着较小影响的因素；读者阅读时间长短、读者参与深度、读者满意度以及读者参与广度为四个有着较大影响的因素。

调研结果表明，读者未对如下问题过多在意：图书馆是否和其他单位、部门合作开展阅读推广活动，阅读推广活动耗费的财力、物力、人力如何，阅读推广活动的举办形式，等等。究其原因，主要在于上述问题都是图书馆或其所在单位应当思考、解决的事情，与读者本身无关。除此之外，馆藏质量也并未与阅读推广活动关联紧密。

从本质来看，读者最注重的应当是其自身受到的阅读推广活动的影响情况。

通过分析上述阅读推广活动问卷调查基本评价模块的第一个问题（即"您对高校图书馆阅读推广活动的整体评价"）的统计结果，可以清楚地了解到，受调查者中有78%用"一般"来评价当前大学生阅读状况，这一评价或是以"自身阅读状况"为依据，或是以"大学生阅读现状的一般了解"为依据，或是上述两种依据的结合。尽管对于阅读而言，不同大学生的认知也有所区分（如有的大学生认为唯有对经典书籍进行阅读才属于阅读范畴，而对网络信息进行浏览、对考试资料进行研究、对专业知识进行学习都不属于阅读；有的大学生却认为，只要是读，都可以被包含在阅读之中），不过受调查者都表达了渴望改善当前大学生的阅读状况的期望。

通过分析第二个问题（即"您认为高校大学生阅读能力提升存在的主要困难体现在什么地方？"）的统计结果，可以清楚地了解到，课余活动花费大量时间、图书选择困难、更愿意阅读电子读物、没有阅读兴趣，分别为排名1—4位的结果。

总的来说，经过此次调查，不难看出，大学生通常会消耗大量时间在课余活动上，所以缺乏阅读精力或时间。对于大学生而言，相较于静下心来阅读，他们更倾向于"刷微博""刷抖音"，利用电子设备对新闻或其他信息进行快速浏览。除此之外，由于当今时代具有"信息大爆炸"的特点，大学生群体常常出现"信息焦虑症"，即便有心阅读，也很难对优秀的、有益的、正确的读物进行选择。

## 二、层次分析法

### (一) 基本原理

20世纪70年代,美国运筹学家、匹兹堡大学教授托马斯·萨蒂(Thomas Saaty)提出了层次分析法。

具体而言,层次分析法将复杂的多目标决策问题视为一个系统,继而分解目标,使之成为多个准则、目标,再将之分解为多准则或多指标的若干层次,随后对求解判断矩阵特征向量的方法进行运用,将每一层次的各元素对上一层次某元素的优先权重具体求出,最后对加权求和的方法进行运用,将各备择方案对总目标的最终权重予以递阶归并。最优方案便是上述有着最大最终权重者[①]。

在系统评价方法中,层次分析法较为常用,其能够将定性分析有机结合于定量分析,同时用科学的方法将复杂的问题数学化。层次分析法被较为普遍地运用于图书馆相关满意度评价研究领域,其基本计算步骤有如下四个:建立递阶层次结构模型、构造两两比较判断矩阵、计算判断矩阵的相对权重、一致性检验。

1. 建立递阶层次结构模型

从所研究问题的评价目的出发,我们将评价指标设计出来,使之能够对评价目标的各个方面进行覆盖,同时用"一级指标""二级指标""H级指标"等对其进行划分。随后,依照不同级别的指标,对多层次的结构模型进行构建。

2. 构造两两比较判断矩阵

从已建立的递阶层次结构模型出发,分别两两比较同一层次的指标,对同级指标中彼此的相对重要性加以确定。同时,对托马斯·萨蒂的"1—9标度法"进行利用(表7-2),将不同层次的比较判断矩阵分别构造出来。

矩阵满足:$B_{ij}>0$;$B_{ii}=1$;$B_{ij}=\dfrac{1}{B_{ji}}$($i$、$j=1, 2, 3, \cdots, n$)。假定准则$A_m$与下一层次中的因素$B_1, B_2, B_3, \cdots, B_n$有关,那么构造的判断矩阵如表7-3所示。

其中,$B_{ij}$的含义是,对于$A_m$来说,$B_i$对于$B_j$的相对重要性。

---

[①] 谷强. 基于层次分析法评价高校图书馆建筑改造方案[J]. 山西建筑,2013,39(16):22-24.

表 7-2　托马斯·萨蒂的"1—9 标度法"

| 标度数值 | 定义 |
|---|---|
| 1 | 同样重要 |
| 3 | 略微重要 |
| 5 | 明显重要 |
| 7 | 强烈重要 |
| 9 | 绝对重要 |
| 2，4，6，8 | 两个相邻标度的中间值 |
| 倒数 | 标度数值互为倒数 |

表 7-3　判断矩阵模型

| $A_m$ | $B_1$ | $B_2$ | … | $B_n$ |
|---|---|---|---|---|
| $B_1$ | $B_{11}$ | $B_{12}$ | … | $B_{1n}$ |
| $B_2$ | $B_{21}$ | $B_{22}$ | … | $B_{2n}$ |
| … | … | … | … | … |
| $B_n$ | $B_{n1}$ | $B_{n2}$ | … | $B_{nn}$ |

3.计算判断矩阵的相对权重

先将 $\lambda_{\max}$ 计算出来，继而依照 $Bw=\lambda_{\max}$，将特征向量 $w$ 计算出来。

4.一致性检验

（1）计算一致性指标 $CI$。

$$\lambda_{\max}=\frac{1}{n}\sum_{j=1}^{n}\frac{(Bw)j}{wj} \quad CI=\lambda_{\max}-n(n-1)$$

$CI$ 的值越大，矩阵的一致性越差。

（2）查找相应的平均随机一致性指标 $RI$。

不同阶数的矩阵，其平均随机一致性指标 $RI$ 不同，见表 7-4。

表 7-4　平均随机一致性指标标准值

| 矩阵阶数 | 1 | 2 | 3 | 4 | 5 | 6 | 7 | 8 | 9 | 10 |
|---|---|---|---|---|---|---|---|---|---|---|
| $RI$ | 0 | 0 | 0.52 | 0.89 | 1.12 | 1.26 | 1.36 | 1.41 | 1.46 | 1.49 |

（3）计算 $CR$。

为了判断矩阵是否有令人满意的一致性，需要将 $CI$ 与 $RI$ 进行比较。

$CR = CI/RI$。

$CR$ 为检验系数。

当 $CR = 0$ 时，说明矩阵有很好的一致性；

当 $CR < 0.1$ 时，说明矩阵一致性较好；

当 $CR \geq 0.1$ 时，说明矩阵的一致性不好，应对矩阵的各项取值进行修改，直到 $CR < 0.1$。

（二）案例运用

基于阅读推广评价指标的读者问卷调查，学者杨莉运用层次分析法，进行阅读推广评价指标模型和评价体系的分析与构建。

杨莉在 2014 年向最近三年参加阅读推广活动的学生发放调查问卷，并通过这种方式，对其"如何看待、评价阅读推广活动的方式与效果"情况进行收集。

在收回调查问卷之后，杨莉又运用层次分析法对调查结果进行处理。基于调查问卷，杨莉对指标内容进行提取、对影响变量加以把握、对权重进行设计，明确研究对象为大一到大四学生，以调查结果为基础对权重指数进行确定，最终加权计算，获得评价模型，将效果评价体系构建出来，如表 7-5 所示[1]。

表 7-5　阅读推广活动评价指标构建

| 一级指标 | 二级指标 |
|---|---|
| 影响整体效果的因素 $a$ | 图书馆对活动重视程度 $a_1$<br>读者满意程度 $a_2$<br>读者参与的深度 $a_3$<br>读者参与的广度 $a_4$<br>医学专业文献资源推广形式 $a_5$ |
| 阅读现状的评价 $b$ | 好 $b_1$，不好 $b_2$，一般 $b_3$ |

---

[1] 杨莉.基于 AHP 法的阅读推广效果评价指标初探[J].图书情报导刊，2016（9）：58-60，148.

续表

| 一级指标 | 二级指标 |
| --- | --- |
| 大学生阅读存在的最大问题 c | 不善于利用电子资源 $c_1$<br>更愿意阅读社科类书籍 $c_2$<br>不知道如何选择专业参考图书 $c_3$<br>业余活动占用大量课余时间 $c_4$<br>图书馆没有我想借阅的图书 $c_5$ |
| 阅读推广活动能产生的效果 d | 读书兴趣增加 $d_1$<br>到馆次数增加 $d_2$<br>读书时间增多 $d_3$<br>学到新的知识 $d_4$ |

如图 7-1 所示，在对指标进行确定后，将指标层次模型构建出来，坚持分层次依照不同指标进行计算，并两两对比各项指标，继而依照 9 分位比率对各评价指标的相对优劣顺序进行排定，将评价指标的判断矩阵 A 逐一构建出来。

$$A = \begin{bmatrix} 1 & a_{12} & a_{1n} \\ a_{21} & a_{22\ldots} & a_{2n} \\ a_{n1} & a_{n2\ldots} & a_{nn} \end{bmatrix}$$

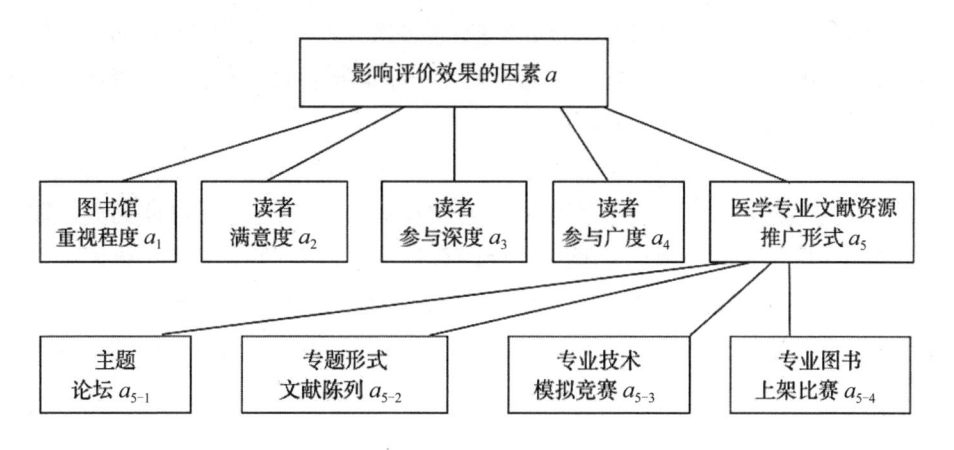

图 7-1 评价指标层次模型

分别明确一级、二级指标的不同权重与基础赋分（1—9 分），从问卷调查结果出发，对每个一级、二级指标的权重与基础赋分进行初步确定，并基于此，依照参与调查的读者的参与次数予以倍数计算，设计为1.1、1.2、1.3、1.4倍加权计算，最后得出综合的评价指标值。

通过分析、研究问卷调查结果，不难看出，读者较为感兴趣的是"阅读推广活动能产生的效果"，所以要为该指标确定较高的基础赋分[①]。

## 三、德尔菲法

### （一）方法简介

德尔菲法的"德尔菲"，原本是一座古希腊城市的名字，其属于对操作程序进行规定的专家调查法。

运用德尔菲法时，组织者要先从拟定的问题出发，对专家调查表进行设计，继而通过函件，分别征询、调查选定的专家组成员。以组织者的反馈材料为基础，专家组成员之间彼此进行意见交流（这里应为匿名交流）。经过若干轮反馈、征询后，专家意见不断集中，最终能够得出专家集体意见，且其具备统计学意义。

通过上述阐述不难看出，德尔菲法能够对专家的智慧、知识进行充分利用，对"行之有效地解决非结构化问题"可谓大有裨益，也有助于实现民主化、科学化评测。所以，德尔菲法在评估绩效、预测趋势等方面的普适性较好[②]。

当然，在对德尔菲法进行运用时，我们也要注意，"一致性"是专家群体判断的基础与前提。所以，该方法必须经过专家多次交互过程，即"专家初步意见—统计反馈—调整意见"，如此，方能渐渐统一原本分散的专家意见，将德尔菲法信息反馈与控制的作用充分发挥出来。

但德尔菲法的不足之处在于：（1）专家可能会将自己的判断向有利于统计结果的方向调整，从而削减专家原有意见的真实性；（2）缺乏群体见解一致性的判断标准以及判断专家合成意见信度的有效量度；（3）专家意见统计过程通常需要经过4至5轮的调查，环节多，周期长，若个别专家坚持己见，可能会使群体意见难以集中，因此实际应用当中会降低专家意见的有效性。因此，需要寻找合理有效的专家意见集成机制和方法来弥补德尔菲法的不足。

---

① 杨莉.基于AHP法的阅读推广效果评价指标初探[J].图书情报导刊.2016（9）：58-60,148.
② 田军，张朋柱，王刊良，等.基于德尔菲法的专家意见集成模型研究[J].系统工程理论与实践，2004，24（1）：57-62,69.

## （二）方法运用——吉首大学图书馆阅读推广活动绩效评估[①]

吉首大学图书馆开展了读书交流会、展览、讲座、竞赛评选、朗诵比赛、竞猜签名活动等多样化的阅读推广活动，得到了校内单位的积极支持，获得了较好的师生参与度。为了深入考察阅读推广的效果，吉首大学图书馆运用德尔菲法等方法确定阅读推广评估指标，并对2013—2015年阅读推广活动的绩效进行了评估，为活动的改进和提升提供了客观依据与参考。

吉首大学图书馆从参与者评估、图书馆活动组织评估、校园影响评估三个方面，制定了多个维度的高校图书馆阅读推广活动评估指标体系。

其中，对于图书馆活动组织、校园影响评估两个方面的指标体系，吉首大学图书馆运用德尔菲法，邀请了馆内外10位专家进行测评打分，取其平均值作为相关部分的指标，如表7-6、表7-7所示。

表7-6 图书馆阅读推广活动组织绩效评估

| 三级指标 | 2013年 | 2014年 | 2015年 | 三级指标 | 2013年 | 2014年 | 2015年 |
| --- | --- | --- | --- | --- | --- | --- | --- |
| 投入馆员人数 | 10 | 18 | 18 | 活动类型丰富度 | 20 | 21 | 23 |
| 馆员学历 | 15 | 17 | 17 | 活动相关性 | 20.2 | 20.6 | 21.2 |
| 专业能力 | 18 | 18 | 18 | 投入经费 | 68 | 70 | 78 |
| 亲和力 | 12 | 13 | 13 | 学校对活动的支持度 | 20 | 22 | 23.6 |
| 创新性 | 11 | 12 | 13 | 校内其他部门参与度 | 20 | 23 | 24.8 |
| 阅读现象了解度 | 14 | 14.5 | 14.5 | 总分 | 282.2 | 315.3 | 336.9 |

---

[①] 刘喜球，王尧.高校图书馆阅读推广活动的绩效评估实证研究：基于吉首大学图书馆调查分析[J].现代情报，2016，36（7）：96-100.

续 表

| 三级指标 | 2013年 | 2014年 | 2015年 | 三级指标 | 2013年 | 2014年 | 2015年 |
|---|---|---|---|---|---|---|---|
| 常规活动数量 | 17 | 18 | 20 | 评估百分制 | 75.1 | 83.9 | 89.6 |
| 特色活动数量 | 13 | 15 | 16 | — | — | — | — |

表 7-7 阅读推广活动校园影响评估

| 三级指标 | 2013年 | 2014年 | 2015年 |
|---|---|---|---|
| 参与人数 | 15.5 | 17.5 | 19.5 |
| 参与者构成 | 20 | 20 | 22 |
| 活动持续性 | 28 | 30 | 32 |
| 校园媒体报道数量 | 14.5 | 16.5 | 18.6 |
| 媒体报道多途径性 | 16.6 | 20.4 | 22.5 |
| 媒体报道深度 | 16.4 | 18.2 | 20.2 |
| 服务制度人性化 | 18.5 | 20 | 26 |
| 环境的净化与美化 | 12.5 | 16.5 | 18.5 |
| 总分 | 142 | 159.1 | 179.3 |
| 评估百分制 | 61.2 | 68.6 | 77.3 |

通过统计分析吉首大学图书馆阅读推广活动绩效评估指标发现，2013—2015年度阅读推广活动年度考核绩效评价的分数分别为724.5分、777.7分、822.9分，按照百分制换算分别为72.45分、77.7分、82.29分，这表明吉首大学图书馆阅读推广活动绩效在逐年提高。刘喜球等研究者设置了绩效级别集 U＝{优，良，中，差}，分别对应绩效分值的［100，90］［89，80］［79，60］［60，0］四个区间，据此可知，吉首大学图书馆 2013—2015 年进行阅读推广活动的绩效评

估分别位于中档、中档、良档，与优秀级别还存在一定的差距。因此，吉首大学图书馆有针对性地提出了重视阅读推广活动实质内容、创办基于读者需求的阅读推广活动等改进对策。

## 四、变异系数法

### （一）方法介绍

在统计学中，"变异系数法"是一种客观赋权方法，且较为常见。变异系数法主要基于被评价对象指标的变异程度，对数据差异进行衡量，对指标权重加以确定。

在多指标综合评估中，在所有被评价对象上，某项指标观测值变异程度越大，则代表评价对象越难达到该指标平均水平，因而该指标能够对各评价对象在该方面的能力进行明确区分，其权重理应较大；如果某项指标观测值变异程度较小，那么其权重应当较小。

此外，假如某项指标有着"零"变异程度，就代表在该项指标上，所有评价对象有着相同的观测值，那么这项指标的评估价值也不复存在[①]。

在衡量变异程度时，一般情况下采用标准差系数、平均差系数以及全距系数进行表示。其中，量纲变化以及平均数大小带来的影响可被标准差系数消除。

通常情况下，在评价时对变异系数法进行运用，共计如下三步[②]：

（1）对各指标的标准差和平均数进行计算。

（2）对各指标的变异系数进行计算。

（3）归一化处理变异系数，获得各指标的权重。例如，假设企业孵化器个数为 $n$，而有 $m$ 个对其绩效进行衡量的指标，那么，立足样本数据，可以得到的阶矩阵为 $n \times m$ 个，$x_{ij}$ 表示在第 $j$ 项指标上第 $i$ 个评价对象的观测值。

相关计算步骤如下：

（1）计算各指标的平均数 $\bar{x}_j$ 和标准差：

$$S_j - x_j = \ell n \sum_{i=1}^{n} n_i = 1 - x_j, \quad j = 1, 2, \cdots, m \quad ①$$

$$S_j = 1/n \sum_{i=1}^{n} n_i = 1, \quad (x_{ij} - x_j) 2, \quad j = 1, 2, \cdots, m \quad ②$$

---

[①] 孙凯，鞠晓峰，李煜华.基于变异系数法的企业孵化器运行绩效评价[J].哈尔滨理工大学学报，2007（3）：165-167.

[②] 秦寿康.综合评价原理与应用[M].北京：电子工业出版社，2003.

(2)计算各指标的变异系数 $V_j$：
$$V_j = S_j/-x_j, \ j = 1, \ 2, \ \cdots, \ m \qquad ③$$
(3)对变异系数进行归一化处理，获得各指标的权重：
$$\omega_j = V_j / \sum_{i=1}^{n} m_j = 1 V_j \qquad ④$$

## （二）案例应用

通过非正式访谈、实践活动分析、文献调研等方法，卢苗苗等学者对高校图书馆阅读推广绩效评估体系进行设计，其中包含 5 个一级指标、32 个二级指标，如表 7-8 所示。同时，他们运用问卷调查法，让学生运用十分制对各项指标的重要程度进行判断、打分以及将除已有指标之外的其他指标列出。

卢苗苗等共计向 45 名受访者发放了两轮问卷，并根据第二轮问卷调查对各二级指标的重要性按照十分制进行打分的评分结果，计算各二级指标重要性评分的平均值和标准差。①

为了保障评价指标的客观性、全面性和科学性，卢苗苗等采用变异系数法对上述绩效评估二级指标进行赋值，具体权重值如表 7-8 所示。一般而言，若变异系数大于 0.25，则表示相关指标协调程度不够。由表 7-8 可知，各二级指标变异系数值均小于 0.25，表明各二级指标协调程度好。

表 7-8　高校图书馆阅读推广活动绩效评估指标体系

| 一级指标 | 二级指标 | 变异系数 | 权重 |
| --- | --- | --- | --- |
| 活动保障程度 | 有明确的阅读推广制度 | 0.1947 | 0.0486 |
|  | 制订具体的阅读推广活动方案 | 0.1687 | 0.0421 |
|  | 合作机构数量 | 0.1815 | 0.0453 |
|  | 活动经费 | 0.2024 | 0.0505 |
|  | 组织者专业能力 | 0.1677 | 0.0418 |
|  | 组织者的主动性、创新性 | 0.1671 | 0.0417 |

---

① 卢苗苗, 方向明. 高校图书馆阅读推广活动绩效评估指标体系构建研究[J]. 图书馆建设, 2015(11): 34-37.

续 表

| 一级指标 | 二级指标 | 变异系数 | 权重 |
| --- | --- | --- | --- |
| 活动实施质量 | 活动宣传力度与渠道 | 0.0713 | 0.0178 |
| | 总的登记人数 | 0.1594 | 0.0398 |
| | 各项目出席人数 | 0.2372 | 0.0592 |
| | 发放的阅读资料和海报数量 | 0.1506 | 0.0375 |
| | 常规活动数量 | 0.1247 | 0.0311 |
| | 特色活动数量 | 0.0980 | 0.0244 |
| | 参与者参与活动激励机制 | 0.1164 | 0.0290 |
| | 活动趣味性 | 0.1268 | 0.0316 |
| | 活动类型的丰富度 | 0.0901 | 0.0225 |
| | 活动周期性 | 0.1233 | 0.0308 |
| 参与者满意度 | 活动内容 | 0.0754 | 0.0188 |
| | 活动形式 | 0.1002 | 0.0250 |
| | 活动组织过程 | 0.1357 | 0.0338 |
| | 互动性 | 0.0668 | 0.0167 |
| | 吸引力 | 0.0878 | 0.0219 |
| 参与者受益度 | 借书/购书次数 | 0.1286 | 0.0321 |
| | 阅读认知 | 0.1271 | 0.0317 |
| | 阅读技巧 | 0.1107 | 0.0276 |
| | 阅读范围 | 0.0715 | 0.0178 |
| | 阅读兴趣 | 0.1057 | 0.0268 |
| | 阅读时间 | 0.1167 | 0.0291 |
| 活动绩效 | 图书馆服务能力 | 0.0808 | 0.0202 |
| | 图书馆资源利用率与完善度 | 0.0817 | 0.0204 |
| | 活动持续影响力 | 0.1113 | 0.0278 |
| | 用户跟踪调查 | 0.0851 | 0.0212 |
| | 组织者的反思性评论 | 0.1432 | 0.0357 |

在上述评估指标体系和权重确定的基础上,卢苗苗等最终构建了包含5个一级指标和32个二级指标的高校图书馆阅读推广活动绩效评估指标体系。

将表7-8中的相关二级指标按照权重值大小进行排序即得到单因素重要性排序表,如表7-9所示。根据单因素排序,可以对影响高校图书馆阅读推广活动绩效评估的几个关键因素进行分析,深入了解关键因素对高校图书馆阅读推广活动绩效评估的影响情况,排名越靠前,该指标对绩效评估的影响就越大。

表7-9 高校图书馆阅读推广活动绩效评估单因素重要性排序前32名

| 排序 | 二级指标 | 权重 |
| --- | --- | --- |
| 1 | 各项目出席人数 | 0.0592 |
| 2 | 活动经费 | 0.0505 |
| 3 | 有明确的阅读推广活动制度 | 0.0486 |
| 4 | 合作机构数量 | 0.0453 |
| 5 | 制订具体的阅读推广活动方案 | 0.0421 |
| …… | …… | …… |
| 30 | 活动内容 | 0.0188 |
| 31 | 阅读范围 | 0.0178 |
| 32 | 互动性 | 0.0167 |

在表7-9的前32名的二级指标中,各项目出席人数、活动经费、有明确的阅读推广活动制度等指标的权重较为靠前,表明阅读推广活动的读者参与情况、经费投入力度等指标是高校图书馆阅读推广活动绩效评估的重要因素,而活动内容、阅读范围、互动性等二级指标的权重相对较小,表明这些指标对高校图书馆阅读推广活动的影响较小。

卢苗苗等提出,在实践活动中运用上述阅读推广评估指标体系时,可由评估人员根据实际情况为各项二级指标打分。对于可量化指标,可按统计数据实际结果,运用分级打分法进行处理;对于不可量化的指标,可根据实际情况按百分制打分。因此,高校图书馆阅读推广活动评估总分 $C=\sum_{i=1}^{32}g_i \times A_i$,其中,$g_i$ 为各二级指标的权重,$A_i$ 为各二级指标的评分。

## 五、因子分析法

所谓"因子分析法",是一种多变量统计分析方法,其能够归结多个具有相互关系的变量为若干综合因子的多变量。

因子分析法对公因子的公式组合进行利用,对样本的整体特征进行表示,我们也可以这样理解,因子分析法是公共因子结合权重比例后的线性组合[1],是对指标维度加以减低、对主因子进行发现的关键方法[2]。

因子分析法的分组依照变量的相关程度进行,将有着较高相关程度的变量划为同一组,而有着较低相关程度的变量划为不同组。每组有一个变量对基本结构进行代表,这便是"公共因子"。

在对问题进行研究时,我们可以对最少个数的公共因子的线性函数与特殊因子之和进行运用,描述每一个分量[3]。

在运用因子分析法时,其步骤有如下四个[4]。

(1)确定相关矩阵 $R$ 以及协方差矩阵的特征值和特征向量。根据方程 $|R-\lambda_i|=0$ 计算相关矩阵 $R$ 以及协方差矩阵的特征向量 $A$,其中,利用 $F$ 表示提取后的主因子矩阵,则存在关系 $F=AX$;

(2)根据样本结构确定主因子模型,利用影响因子提取法和主轴因子提取法对相关的参数进行最大似然估计,计算出因子的载荷系数以及权重情况;

(3)确定因子权重,权重反映的是公共因子对整个样本的贡献情况,即每一个因子对信息特征的占有比例。在因子模型中,因子权重越大,其重要性就越大,表示的样本整体特征也越明显。所以,可以运用公因子权重累计的方法来提取主因子,当公因子权重累计超过80%时,表示该公因子反映了原有样本80%的样本特征,可以作为代表样本整体情况的主因子;

(4)根据分析结果,构建综合评价公式,根据已经计算出来的系数情况判断样本的整体评价得分,进而得到因子载荷矩阵 $A$ 和因子得分系数矩阵 $B$。其中,构建的评价公式为: $Score= \sum_{i=1}^{n} m_i =1$, $d_j f_j= \sum_{i=1}^{n} m_j =1$, $\sum_{i=1}^{n} m_p =1$, $d_j b_{ij} X_i$。在该式中,

---

[1] 梁孟华.图书馆知识信息服务综合评价指标体系的构建及其校验研究[J].图书情报工作,2012,56(1):73-77.
[2] 卢扬,王丹,聂茸,等.基于因子分析法的图书馆信息服务质量评价研究[J].图书情报工作,2016,60(S1):1-4,9.
[3] 赵隽.基于因子分析法的图书馆绩效考核研究[J].图书馆工作与研究,2008(2):93-95.
[4] 卢扬,王丹,聂茸,等.基于因子分析法的图书馆信息服务质量评价研究[J].图书情报工作,2016,60(S1):1-4,9.

$f_j$ 表示提取后的公因子得分情况，$d_j$ 为每一个公因子对样本的特征权重，$b_{ij}$ 表示因子得分系数。

## 第二节　阅读推广用户满意度分析

随着全民阅读推广活动不断推进，人们也愈发重视高校阅读推广工作。当前，高校阅读推广工作正有条不紊地火热开展，而我们也应当对一个课题进行探究与深思——如何对阅读推广活动的成效进行专业、科学的衡量。

大学生是高校阅读推广的主要用户，也是该活动能否成功实施的关键。大学生在阅读活动中的受益度、努力程度、情感投入在很大程度上受他们对活动的满意度的影响，同时，阅读推广活动的成效与质量也受到大学生对活动满意度或直接或间接的影响。

所以，毫无疑问，用户满意度是对高校阅读推广活动成效进行评估的一大关键且重要的标准。

在研究阅读推广活动的用户满意度方面，国外进行得较早，其对两方面问题予以重点关注。一方面，调查阅读活动参与用户的满意度，该调查包括如下四部分内容：其一，用户阅读技能、兴趣、行为、态度受阅读推广的影响程度；其二，用户终身阅读习惯形成受阅读推广的影响程度；其三，用户社会交往的扩展受阅读推广的影响程度；其四，阅读氛围的形成受阅读推广的影响程度。另一方面，分析对满意度造成影响的个体特征等因素。

而对于阅读推广活动中用户满意度的研究，国内开展较晚，进度较为滞后，只有一些文献与阅读推广活动中用户的满意度相关联。如王素芳等在其构建的儿童阅读推广活动的评估指标中设置了参与者满意度指标，并给予其相应权重[1]。黄健通过问卷的方式调查了用户参与阅读推广活动的满意度相关状况[2]。

通过对国外、国内已有研究成果进行分析，我们可以看到，在用户满意度的外在影响方面，研究仍处于较为薄弱状态，未能详细揭示各因素之间深层次的结构问题。所以，本书旨在对推广内容、推广方式、推广人员等影响用户满意度的阅读推广因素以及学生个体因素等非阅读推广因素进行探索，研究各因素影响满意度的程度，补充、完善本领域的研究成果。

---

[1] 王素芳，孙云倩，王波.图书馆儿童阅读推广活动评估指标体系构建研究[J].中国图书馆学报，2013，39（06）：41-52.
[2] 黄健.高校阅读推广活动的影响因素及其评价[J].大学图书馆学报，2013（2）：93-96.

## 一、问卷的设计

本书对问卷调查法进行选用,对大学生关于阅读推广活动的相关满意度进行调查、研究。本书针对多类型满意度相关指数、量表(如瑞典顾客满意度晴雨表指数、美国顾客满意度指数、霍伯纳编制的多维学生生活满意度量表等)进行分析,并听取部分用户访谈意见,基于此,对问卷测量变量加以确定,随后开展预调研,继而从预调研反馈情况出发,调整、修订测量的变量。

最终,本书确定的调查问卷有着三部分测量维度:

第一部分,对大学生的个人基本信息进行收集,如生长环境、学历层次、学科范围、性别等,旨在利用数据统计对满意度与个体因素之间的关系进行揭示。

第二部分,收集大学生对15个测量变量的满意度信息,这些测量变量包括自身行为转变、阅读推广活动、阅读推广人员等,同时对李克特五级量表加以运用,从"非常不满意"到"非常满意",对每个变量进行5级赋值,为后期统计、分析"满意度受阅读推广因素影响"情况打下基础。

第三部分,对大学生对阅读推广活动的总体评价进行了解,如后期活动参与意向、总体满意度等,第三部分能够验证第一部分、第二部分的数据,并对其进行补充。

## 二、数据收集

本书以参与高校阅读推广活动的大学生为数据样本来源。通过"问卷星"网络平台收集数据,从5所高等院校中收集了1681份数据样本,其中有1400份有效样本。

## 三、研究方法

利用SPSS16.0软件对数据进行相关的多元回归分析、因子分析、信效度检验、描述性统计等。

## 四、用户基本特征描述

参与调查的学生分布情况如下:

(1)在性别方面,女生占71.43%,男生占28.57%;

(2)在学科领域方面,文史类学生占47.14%,理工类学生占32.86%,经济管理类学生占14.29%,艺体类学生占5.71%;在年级分布上,大一学生占

62.86%，大二学生占 32.86%，大三学生占 2.86%，硕士研究生占 1.42%，无大四学生及博士研究生参与调查；

（3）从家庭所在地看，家在大中城市的学生占 22.86%，家在县城的学生占 31.43%，家在农村的学生占 45.71%；

（4）21% 的学生在院系或社团担任职务，43% 的学生其父母至少一方具有大学学历。

## 五、数据质量分析

因调查问卷为自行拟定的项目，非标准化测量工具，为此，需要对问卷开展信效度检验，从而保证研究的正确性与稳定性。

对数据开展相关分析，测得问卷的总体信度系数 Cronbach α 为 0.906，这说明问卷可信度较高，研究结果可认定为稳定一致。运用探索因子分析法进行效度分析，$KMO=0.717>0.5$，且 $P=0.000<0.005$，这就保证了问卷的结构效度。

## 六、因子分析

研究采用探索性因子分析法，对阅读推广活动中测量大学生满意度的 15 类测量变量提取公共因子，寻找影响大学生满意度的推广因素。由表 7-10 可知，通过变量的降维，共提取了 3 个公因子，3 个公因子特征值累积贡献率达到 70.17%，表明原变量 70.17% 的变异能用此 3 个公因子来解释，证明此 3 个公因子具有较好的代表意义。

表 7-10　因子提取结果

| 因子序号 | 初始特征值 |  |  | 未经宣传的因子载荷平方和 |  |  |
|---|---|---|---|---|---|---|
|  | 特征值 | 方差贡献率 | 累计方差贡献率 | 特征值 | 方差贡献率 | 累计方差贡献率 |
| 1 | 3.999 | 26.662 | 26.662 | 3.999 | 26.662 | 26.662 |
| 2 | 4.165 | 27.764 | 54.426 | 4.165 | 27.764 | 54.426 |
| 3 | 2.362 | 15.749 | 70.175 | 2.632 | 15.749 | 70.175 |
| 4 | 1.076 | 7.170 | 77.345 | — | — | — |
| 5 | 0.920 | 6.131 | 83.476 | — | — | — |
| 6 | 0.652 | 4.349 | 87.825 | — | — | — |
| 7 | 0.459 | 3.062 | 90.900 | — | — | — |

续 表

| 因子序号 | 初始特征值 | | 未经宣传的因子载荷平方和 | | |
|---|---|---|---|---|---|
| | 特征值 | 方差贡献率 | 累计方差贡献率 | 特征值 | 方差贡献率 | 累计方差贡献率 |
| 8 | 0.352 | 2.346 | 90.887 | — | — | — |
| 9 | 0.278 | 1.850 | 95.083 | — | — | — |
| 10 | 0.241 | 1.604 | 96.687 | — | — | — |
| 11 | 0.192 | 1.277 | 97.964 | — | — | — |
| 12 | 0.146 | 0.975 | 98.939 | — | — | — |
| 13 | 0.102 | 0.679 | 99.618 | — | — | — |
| 14 | 0.037 | 0.245 | 99.863 | — | — | — |
| 15 | 0.020 | 0.135 | 100 | — | — | — |

为了使因子含义清晰明显，采用方差最大正交旋转，得到旋转后的因子载荷矩阵，如表7-11所示：

表7-11 旋转后的因子载荷矩阵（略去系数小于0.5的值）

| 项目 | 阅读设计 | 推广支持 | 阅读环境 |
|---|---|---|---|
| 推广人员的态度 | — | — | 0.697 |
| 推广人员的工作效率 | — | — | 0.825 |
| 推广环境 | — | — | 0.805 |
| 支撑资源 | — | — | 0.507 |
| 交流与互动 | — | 0.789 | — |
| 提供阅读指导 | — | 0.830 | — |
| 开展阅读咨询 | — | 0.887 | — |
| 引导反思性阅读 | — | 0.787 | — |
| 激励机制 | — | 0.630 | — |
| 宣传形式 | — | 0.763 | — |
| 内容的选择 | 0.843 | — | — |
| 推广的策略 | 0.828 | | |

续表

| 项目 | 阅读设计 | 推广支持 | 阅读环境 |
| --- | --- | --- | --- |
| 阅读平台的搭建 | 0.851 | — | — |
| 进度与时间安排 | 0.804 | — | — |
| 反馈的渠道 | 0.678 | — | — |

由表7-11可知，内容的选择、推广的策略、阅读平台的搭建、进度与时间安排5个变量在第一个公因子上的载荷较大，在其他两个因子上的载荷较小，且差异性明显，因此，根据相关变量的特点，将第一个公因子取名为"阅读设计"，用以概况此5个变量。

交流与互动、提供阅读指导、开展阅读咨询、引导反思性阅读、激励机制、宣传形式6个变量在第二个公因子上的载荷较大，因此，将第二个公因子取名为"推广支持"。同理，将第三个公因子取名为"阅读环境"，以概括推广人员的态度、推广人员的工作效率、推广环境、支撑资源4个变量。

此外，第一个公因子（阅读设计）与第二个公因子（推广支持）的特征值的贡献率分别达到26.662%和27.764%，这说明"阅读设计""推广支持"两项推广因素与总体满意度关系最大，"阅读环境"次之，其贡献率为16.749%。

## 七、研究结论

在高校阅读推广活动中，对用户满意度影响较大的公因子有三个，分别为"阅读设计""推广支持""阅读环境"。其中，与总体满意度有着最大关联的为"阅读设计""推广支持"公因子，其属于有着重要影响的因素。基于此，我们深入分析、探索，能够发现，有三个因素共同影响着用户对推广人员的满意度；阅读积极性与能力仅仅受到"推广支持"影响；阅读效果满意度则受"推广支持"与"阅读设计"影响。

用户满意度同样受部分非阅读推广因素影响。例如，有三个因素对用户满意度产生直接影响，分别为是否担任过职务、学科领域、家庭所在地；而有些因素则未能显著影响用户满意度，如父母受教育水平、年级、性别等。

## 八、研究建议

### （一）开展多方参与的深度推广支持服务

由于高校阅读推广活动具有复杂性，且十分重要、关键，当前图书馆一方主导阅读推广支持工作的情况应当有所转变，实现多方参与、合作共建的新格局。

学生工作部、宣传部、学生会、校团委等高校中的部分组织机构，都与大学生联系密切，假如能够让这些组织机构参与阅读推广支持工作，在其日常工作中纳入阅读推广，既能够促进阅读推广活动的开展、宣传、反馈，也能实现阅读推广支持渠道的拓宽，对推广支持力度的强化、全方位阅读支持环境的营造而言都是大有裨益的。

除此之外，高校要将规范化、标准化的阅读推广支持体系建立起来，从而防止阅读推广支持活动中，各单位人员由于制度不明、责任不清造成失职、推诿、混乱等问题。具体而言，该阅读推广支持体系包括科学专业的支持架构、流程、目标以及宗旨等内容，如此，来自不同组织机构的人员在协力支持阅读推广活动时，能够真正实现各自作用的发挥，做好各自的本职工作，利用不同的支持形式与方法，有条不紊地开展推广支持服务，让服务更周到、更快捷、更全面。基于此，大学生在参与阅读推广活动时，就能切切实实感受到来自多方面的支持，继而更愿意坚持参加阅读活动，自觉长期进行阅读，最终收获相应成就。

同时，推广人员也要注意管理、控制大学生的阅读开展情况，继而将深度的、实时的支持服务提供给学生。推广人员需要对新兴技术进行利用（如物联网、Web3.0等），将阅读管理平台搭建起来，同时，依托平台管理，对学生的阅读反馈、阅读行为、阅读进度进行跟踪掌握，每隔一段时间就要公正、客观地评价学生的阅读成果，同时为其提出相应建议。

如果推广人员在观察过程中发现学生存在思维偏差或在阅读上遇到困难，需要帮助学生及时、主动、迅速地调整与更新阅读策略、阅读内容，开展有针对性的干预与引导，保证学生能够顺利进行阅读，收获理想的阅读成效。

### （二）采用差异化、弹性化的阅读设计

由于学生的潜质不同、特征各异，所以我们绝不能"一刀切"地对待阅读推广这项工作，要保证其差异性。在进行"阅读设计"时，推广人员需要对学生的期望与需求进行详细而全面的分析，具体把握学生的不同阅读喜好、学科背景，有针对性地设计出不同阅读主题、面向不同知识领域的推广活动，同时从活动目

标出发，对合适的阅读评价标准、模式、策略进行选择，对学生的阅读活动加以正确、有效地引导。

当面对有着共同特性的学生，对同一主题的阅读推广活动进行开展时，我们也要注意，不能全然采取固定的"阅读设计"，而应当令其富有弹性。推广人员应当进一步探索推广目标的设计工作，使之有梯度、分层级，从而让学生能够从个人实际状况出发，对不同层次的阅读活动进行参与，收获更好的阅读效果。

总的来说，第一，推广人员应当从需推广的内容出发，开展深层次、扩展性阅读；第二，在对推广内容的关联性、意义充分明确后，推广人员要深入思考，怎样对技术手段进行运用，细分、重组推广内容，将分层阅读内容框架建立起来，继而运用可视化、具体化、形象化的方式对学生进行分层推广；第三，推广人员要将多元阅读的"支架"搭建起来，确保顺利实现分层级阅读，对学生进行引导，使之按照自己的情况自行阅读，达成自身阅读目标，切实在阅读过程中收获快乐，最终实现阅读满意度的提升。

### （三）注重推广人员的专业素养

无论是实现"推广支持"，还是思考"阅读设计"，想要做到上述两点，推广人员都必须拥有相应的专业素养。

推广态度、情感、技能、知识、理念等，都是推广人员专业素养的构成部分，如果推广人员未能拥有专业素养，那么学生也很难感受到"阅读设计"中推广人员的细致、专业，很难体悟到"推广支持"过程中推广人员的热情、贴心，那么用户满意度自然难以提升。

现实中，很多推广人员并非全职而是兼职，因而欠缺相应的专业技能。除此之外，推广工作并不轻松，其具有艰巨性和复杂性，导致推广人员易烦躁、易焦虑，这些都可能破坏用户满意度。

因此，管理层应当对推广人员的工作状态进行密切关注，不断探索合适的途径与方法，实现推广人员专业素养的提升。例如：如果推广人员欠缺相关知识，未能具备相应技能，可以为其提供进修与培训机会，补全其缺漏之处；如果推广人员未能树立正确思想观念，则可以通过宣传等方式使其转变思想观念；如果推广人员在工作实践中缺乏端正的态度，滋生不良情绪，则可以为其提供心理咨询，从而帮助其释放心理压力，引导其树立正确的思想态度。

在高校阅读推广过程中，唯有对影响用户满意度的因素进行明确，以此为基础，对正确的、合适的、行之有效的方法进行探寻，实现用户满意度的改善，方能真正提升阅读推广活动的成效，实现阅读品质的目标优化。

## 第三节 阅读推广活动评价

### 一、阅读推广活动评价的必要性

当前，高校阅读推广活动仍存在一定问题，主要包括如下两方面。一方面，活动有着参差不齐的效果，尽管部分活动耗费了大量物力、人力，然而却未能取得理想成效；部分活动未能产生较大影响；部分活动强迫学生参与其中，并未尊重学生选择，导致学生分外反感。另一方面，活动常规性、系统性不足。尽管高校阅读推广活动有着丰富多彩的形式，然而在举办时，有些图书馆并未注重常规性、系统性，导致活动举办较为随意。

所以，对当前高校阅读推广活动进行梳理，对其特点与关系进行探索、讨论，从总体评价图书馆的阅读推广活动，是非常重要且很有必要的。特别是"阅读推广活动评价"具有不容忽视的作用。其有助于高校图书馆对大学生阅读需求进行响应，从自身特点出发，对阅读推广活动的品牌进行打造，也有助于实现阅读推广活动效果的系统性提升。

### 二、阅读推广活动评价指标

有学者认为，在对阅读推广活动评价指标体系进行设计时，应当注重两方面内容。其一，以图书馆的阅读推广活动为基础的评价指标；其二，以读者的阅读推广活动为基础的评价指标。

也有学者指出，当前，在评价阅读推广活动时，深入度尚有不足，并未真正研究读者的收获与读者的心理，也未真正研究活动自身的运动规律。要想对阅读推广活动的效果进行评价，归根结底还要看读者，尤其是看读者的满意度与阅读收益。然而，我们也要注意到，无论是读者的满意度还是阅读收益，都是不易量化的指标，需要进一步拓展。

图书馆和读者是阅读推广活动的主要参与者。所以，读者认可度、图书馆重视程度、馆藏、其他因素（阅读环境的美化与净化、图书馆整体服务水平、图书馆内外合作程度等）深深影响着阅读推广活动的效果。

如表 7-12 所示，为细分、调整上述四种主要因素的情况。

表 7-12 影响阅读推广活动的主要因素

| 读者认可度 | 图书馆重视程度 | 馆藏 | 其他 |
| --- | --- | --- | --- |
| 读者参与广度：读者参与数量是否增长、读者读书兴趣是否增加、读者到馆时间是否增加 | 单一活动的重视程度：投入的时间、投入的人力、投入的财力、投入的物力 | 文献流通率 | 合作程度：图书馆与本单位其他部门合作的数量、图书馆与外单位合作的数量 |
| 读者参与深度：是否需要（或培养了）专项知识或能力、读书的数量是否增长、读书的时间是否增加、是否增长了新的知识 | 总体重视程度：举办活动的数量 | 文献数量 | 服务水平：图书馆的整体服务能力、图书馆的整体服务态度 |
| 读者满意度 | — | 文献质量 | — |

为实现调查问卷可执行性的提升以及复杂程度的降低，在对问卷进行设计时，针对单一的阅读推广活动，分别对阅读推广活动负责人和大学生的阅读活动评价指标进行简化。

对于大学生方面，主要有三种评价指标，分别为读者满意度、读者参与深度（新的知识增加与否、读书时间增加与否、读书数量增长与否、某项能力或专项知识是否得到培养）、读者参与广度（读者到馆时间增加与否、读书兴趣增加与否、读者参与数量增长与否）。

对于图书馆方面，主要有两种评价指标，分别为图书馆对活动总体重视程度（活动的举办次数）以及对单一活动的重视程度（投入的物力、财力、人力、时间等）。

# 第八章　高校阅读推广理论与实践发展新趋势

本章主要内容为高校阅读推广理论与实践发展新趋势，分别介绍了高校图书馆阅读推广活动主体个体化、高校图书馆阅读推广活动品牌化、高校图书馆社会化阅读推广和高校图书馆新媒体阅读推广。

## 第一节　高校图书馆阅读推广活动主体个体化

### 一、高校图书馆阅读推广主体个体化的表现形式

#### （一）通过阅读分享发挥主体作用

20世纪60年代，新西兰教育学家赫达维（Holdway）等人在研究儿童阅读中首次提出"阅读分享"。随着社会的不断变迁，科学技术尤其是计算机网络技术发展日新月异，当前，阅读分享范畴囊括任何人关注、转载的其感兴趣的任何阅读话题。

单一个体依托阅读分享推广阅读，包含如下几种主要形式。

1. 读者推荐

从自身经历和阅读体验出发，读者自身基于分享阅读、促进阅读的目标，将书目推荐给其他读者的行为，就是"阅读推荐"。

对于高校教师而言（尤其是著名专家学者），其既有能力又有责任将书目推荐给大学生读者。中国高校名师向来不吝啬这样做。

举例而言，钱穆将"文史书目举要"开列给西南联大的学生，顾颉刚将"有志研究中国史的青年可备闲览书"开列给大学生，胡适将"一个最低限度的国学书目"开列给清华学子。

在过去，学者是编列书目的主体，而今时今日，普通的读者也常常对书目进行编列。举例而言，高校图书馆就经常对留言板或功能区域进行设置，方便读者写下自己编列的书目以及相应推荐理由。当然，"读者推荐"活动应当有着灵活多变的方法，不仅可以使用留言的方式，也可以采用手工作品、绘画、视频、书评等推荐方式。例如，苏州独墅图书馆便请读者在卡片上写下自己推荐的书籍与理由，再在图书馆中的"推荐圣诞树"上悬挂这些卡片。

2. 读书分享会

在读者阅读交流过程中，读书分享会有着较强的渗透性、互动性。在经典阅读、深阅读的推广过程中，"读书分享会"这一途径也十分有效。具体而言，读书分享会有如下三种模式。

其一，读书会。这种模式最为常见，高校图书馆积极牵头举办读书会与相关活动，读者主动参与，在读书分享会中彼此交流、沟通，实现阅读分享推广。

其二，读书节。举例而言，华中农业大学图书馆举办的"青椒"读书节，对读书的快乐进行分享，让青年教师将书籍推荐给学生读者，也让大学生对青年教师的风采进行领略，实现阅读视野的拓宽。

其三，撰写文章。以"阅读"为主题，读者和图书馆馆员在图书馆阅读推广活动平台撰写文章，进行报道宣传等。尤其是他们在新媒体（如微信、微博、QQ等）发表的内容，具有碎片化、网络化、大众化等特点，能够与他人随时随地分享阅读体验，实现阅读的推广与促进。

3. 捐书赠书

捐书赠书，即读者将阅读后认为有价值的文献捐献给图书馆以便让其他读者有机会阅读的行为，或通过图书漂流的形式将图书资源无偿与别人分享的行为。

例如：高校教师在结束某项教学或科研工作后，为充分发挥资源的使用价值，将利用过的资源无偿捐给图书馆；高校毕业季期间，即将毕业的学生读者将自己的使用过的读物无偿捐献给图书馆；或校内外有关人士出于对高校图书馆事业的支持，购置图书资源无偿捐献给图书馆。此项活动由于具有操作简单、成效快、影响大等特点，成为目前个体参与高校图书馆阅读推广常见的形式之一。

## （二）通过日常工作发挥主体作用

在高校校园内，高校图书馆是阅读推广主阵地，"先锋官"便是馆长，"排头兵"是馆员,在日常生活、工作中,无论是馆长还是馆员,都应当将阅读推广使命背负在肩,真正使其内化于心、外化于行。

1. 馆长负责制阅读推广

所谓"馆长负责制",主要是图书馆负责人在图书馆发展战略中纳入"阅读推广",并充分发挥自身的模范带头作用,将意义深远的特色阅读推广服务长期开展起来,创设优良的环境与条件,提供给教师与学生读者,让校园阅读广泛开展、深入人心,真正"蔚然成风"。

2. 馆员负责制阅读推广

所谓"馆员负责制",指的是在日常生活、工作中,图书馆馆员主动、自觉地在本职工作中纳入阅读推广服务的机制。

在美国流行着如下说法:图书馆服务起到的作用,75%来自图书馆员的素质,20%来自信息资料,5%来自图书馆的建筑物。[①]从中不难看出,在图书馆日常服务与管理中,图书馆馆员起到重要作用,具有关键意义。

在馆员负责制下,所有馆员就像一台行走的"阅读推广播种器",其长期提供行之有效的阅读推广服务。举例而言,美国沃斯堡公共图书馆对馆员进行鼓励,让他们独立地对阅读活动进行组织,甚至可以将活动命名为馆员的名字,如此,既对馆员的积极性加以调动,也为树立活动品牌提供助益。又如,通常来说,美国公共图书馆青少年读书会也是由馆员轮流主持阅读活动的进行。

当前,在高校图书馆中,"读书节"已经成为特色工作乃至常规工作,是校园文明创建以及文化建设的典范。除此之外,每年中国图书馆学会都会对"中国图书馆榜样人物"进行评选,在这些榜样人物中,有着很多图书馆馆员的身影。在日常工作中,大量馆员默默无闻、兢兢业业、勤勤恳恳地无私奉献于高校阅读推广事业。

## (三)通过读书会发挥主体作用

读书会并非现代的产物,其有着悠久的历史。第一个现代意义上的读书会是瑞典的"读书圈"。读书会属于阅读学习组织,其并非正规意义上的阅读学习组织,因而也相对自由,我们甚至可以将其视为现代人的娱乐方式、休闲办法。读书会有着自身鲜明的特点,包括形式多样、简单易操作、渗透力强等。

我们可以从实际管理者身份出发,将高校图书馆读书会划分为两大主要类型,

---

① 孙继林. 图书馆改革要重视人力资源管理[J]. 图书馆论坛,2002,22(5):133-135.

包括"师生主办的读书会"和"图书馆主办的读书会"。前者主要以高校图书馆为依托，有着独立社团组织性质。在阅读推广活动开展过程中，组织核心多数为"负责任者"或"师生管理者"，利用图书馆读书节等平台，实现阅读推广主体作用的发挥。

### （四）通过活动志愿者身份发挥主体作用

这里说的"志愿者"，也是人们通常说的"志工"或者"义工"，具体而言，志愿者就是对个人精神、时间进行共享，服务于社会之改进，而无须任何物质酬劳。

立足广义视角来说，图书志愿者包括所有无偿为图书馆做贡献的人，如图书馆之友、图书馆托管人、图书馆捐赠者；立足狭义视角来说，图书馆志愿者仅仅是定期从事图书馆工作并对图书馆管理进行服从的人。

高素质的教师志愿者、学生志愿者加入高校图书馆阅读推广活动，既能够为图书馆缓解各方面压力（经费、人力、资源等），还能将无限创意带给阅读推广活动，实现活动社会参与度、认知度的提升。

从角色角度看，志愿者在对阅读推广进行参与时，可被划分为支持者、沟通者、宣传者、协助者、引导者等若干角色，还能成为活动的组织者，自主确定活动内容，选择活动方式。

在欧美国家，图书馆领域的"志愿者服务"有着较为悠久的历史以及完善的工作机制、管理制度，但是就"高校图书馆志愿者"而言，引入与发展时间稍晚，不过因为这些志愿者有着很高的素质，所以反而在服务规模、服务质量方面能够做到"后来居上"。

在阅读推广活动中，志愿者并非仅是助手身份，并非只起到辅助作用，在一定情况下，其能够发挥支撑功能。举例而言，美国首批成立的高校图书馆（如哈佛大学图书馆等），其主要依靠政府馆员、律师、医生、牧师等捐赠获得书籍。在早期大学图书馆工作中，"捐赠图书"可谓十分常见，也可以说，这些图书捐赠者就是早期的图书馆志愿者。对于高校图书馆而言，被捐赠的图书便是其能够对阅读推广活动进行开展的基础与前提。

除此之外，研究表明，立足时间角度而言，图书馆志愿者成熟期对应着美国大学图书馆发展的上升期、成功期，这一点也表明，在图书馆各项事业中，志愿者发挥着十分重要且鲜明的作用。

我国高校图书馆志愿者服务相对于公共图书馆起步较晚，但目前志愿者活动已经渗透至高校图书馆的各项服务和活动中，特别是在活动化的阅读推广工作中志愿者的身影越来越多,志愿者已经被视为常规的"生产力"要素和"智愿者"。

例如,湘潭大学图书馆志愿者组成人员以在校大学生为主,志愿者不仅参与图书馆举办的"图书馆服务周""世界读书日""新书推荐"等阅读推广活动,还为主持课题的教师开展信息推送服务,进行深层次的文献资源检索、读者咨询、引导等工作[①]。广西科技大学图书馆建立志愿者服务工作常态化机制,并争取学校资助中心等部门的支持,提高志愿者服务团队素质,完善招聘选拔、培训管理、评价激励等工作机制,不断提升志愿者的工作能力和服务质量。志愿者不仅是图书馆日常管理过程中的好帮手,更是图书馆阅读推广活动中的重要合作伙伴,图书馆与志愿者团队合作周期性开展了读书交流会、找书比赛、送教送书下乡、图书馆进社区进宿舍进食堂等活动,深受读者和社会大众的好评。[②]

## 二、个体阅读推广的优势与问题

### (一)个体阅读推广的优势

#### 1. 成员众多,角色多元

对于高校图书馆而言,每一名读者个体都可能转换角色,成为阅读推广主体,这是不分能力高低、职业岗位、学科专业、性别年龄甚至校内校外的。唯一的差异是角色不同以及承担责任是大是小罢了。

普通读者对阅读参与和服务更为重视,图书馆领导和馆员对阅读组织与创新更为重视,教师、专家、学者对阅读方向引领予以更多关注,学校领导机构组织对阅读资源支持更为重视……他们都竭尽所能、各司其职,将自身的独特优势充分发挥出来。

#### 2. 途径多样,手段灵活

在日常生活、学习、工作中,个体几乎能够凭借一切手段、行为,对高校图书馆进行支持,帮助其更好地开展、推进阅读推广活动。

随着科学技术不断发展,特别是计算机网络通信技术的飞速发展,人们面前涌现出种种新媒体平台,基于此,高校图书馆也有着更加多彩丰富的推广方法与内容。多样化的推广途径、丰富的推广方式,加之阅读推广活动本就具有的互动

---

[①] 肖可以,杨锦荣.高校图书馆志愿者服务管理机制研究[J].高校图书馆工作,2011,31(6):82-84,90.

[②] 薛宏珍.高校图书馆志愿者活动常态化机制建设研究:以广西科技大学为例[J].图书馆界,2014(3):35-37,92.

性、平等性、开放性,都促使活动有着更强的渗透性与更广泛的参与度,而这也反过来实现了读者对活动进行参与的方式、途径的进一步丰富。

3. 积极性高,创意丰富

尽管个体力量略有一些薄弱,然而其依托图书馆阅读推广平台或者与图书馆合作,就能在阅读推广活动中切实实现自身灵活性、创意性等特点的发挥。

活动内容创意性与活动参与积极性彼此之间是相辅相成的,而这两者皆是活动长效机制构建的保障力量。"义务奉献"多为个体参与阅读推广的出发点,所以毫无疑问,个体本身就具有积极性。对于活动而言,无数个体具有的积极性正是其创意创新、内容丰富的"动力之源"。

基于此,高校图书馆应当考虑的问题只是怎样让读者参与活动的长久性得以保持,怎样保证活动创意具有合理性、科学性。

4. 资源丰富,效益深远

个体资源多种多样,重点涉及财力、物力、人力。对于高校图书馆而言,个体资源是其阅读推广资源的重要补充。在图书馆、高校乃至政府部门的有效整合下,各种个体资源将发挥更强大的作用。除此之外,因为个体资源具有"点多面广"的特点,在阅读推广过程中,其有着很强的针对性,能够提供精确的个性化服务,带来更直接的示范引领作用。所以,对于阅读推广深入宿舍、食堂、教师乃至企业、社区、农村而言,个体资源的运用可谓一条行之有效的捷径。

## (二)个体阅读推广的问题

1. 方向性问题

阅读推广并非一种纯粹的娱乐活动,实际上,它是一项文化事业,具有严肃性,所以无论是活动理念还是宗旨,都要与主旋律相符。活动组织要对科学性原则予以遵守。因此,当个体对阅读推广活动进行参与时,先要解决如下两个问题:为何推广与推广什么。

假如高校图书馆未能给予个人阅读推广活动充分引导,又或者个人阅读推广活动不具有健全的规章制度,以及个体对阅读推广活动缺乏充足的认识……种种原因,都可能导致活动"迷失方向",导致活动内容欠缺科学性、合法性,最终造成个人阅读推广活动现实效果完全不符合阅读推广活动的根本宗旨。

2. 持续性问题

阅读推广并非一时一刻的活动,也并非一朝一夕之功,这项事业是长期的,需要持之以恒地开展。因此，阅读推广活动的开展既要有周期性，又要相对集中。

尽管个体阅读推广活动有着丰富的个体资源，然而这些资源较为分散，较难形成合力，故而如下问题时有发生，造成活动缺乏持续性。

（1）活动缺乏人手。个体阅读推广项目往往没有很多创始人，"直线式"是大部分个体阅读推广项目的组织结构形式。同时，个体阅读推广项目有着过于集权的运行模式，不易做到"去中心化"。虽然这种项目有自己的管理团队，如读书会、学生会等，但这些组织也较为松散，并且组织成员多数面临生活、学习或是工作方面的压力。长此以往，由于人力不足，很可能使得项目负责人不堪重负、身心俱疲，难以维系最初的激情。

（2）活动缺乏物力。个体能力终归是有限的，难以保证"图书资料相对无限性"，无法及时补充图书资料，同时，活动场地、活动设备都处于不确定状态，这一问题也是单凭个体力量难以及时、有效解决的。

（3）活动缺乏资金。无论何种形式的个体阅读推广项目，无论是大规模个体阅读推广项目还是小型个体阅读推广项目，都需要组织者花费大量精力、时间，投入大量经费。但是，对于每一个项目而言，几乎都存在一个问题，那就是欠缺资金。如果高校图书馆未能为个体阅读推广项目提供支持与有效保障，那么个体阅读推广活动的后续开展将成为难题。

3. 效益性问题

阅读推广并不是孤立存在的，而是一项系统性很强的工程，所以，阅读推广活动的组织参与者，既要吃苦耐劳、踏实肯干、甘于奉献，又要有一定的综合素质和较强的阅读推广专业素养，包括风险控制能力、学术研究能力、学习写作能力、社交沟通能力、组织管理能力、宣传营销能力、创新创业能力等。

当个体进行阅读推广活动时，该活动是成功还是失败，往往取决于个体是否具备上述素养与能力。假如答案为"否"，且个体不具备图书馆支持，不具备可靠团队，那么很可能造成活动有着参差不齐的水平，长效机制欠缺，不能形成长远而深刻的影响。

## 三、高校图书馆构建个体阅读推广保障体制

### （一）转变工作理念，提高个体主体地位认识

高校图书馆不仅是学校的文献信息中心，也是区域内的社会知识文化中心。高校图书馆不仅要为学校教学、科研提供保障，也要为社会大众的知识阅读需求提供服务。

· 155 ·

高校图书馆的读者不仅包括校内师生读者，也包括广泛的社会大众读者。高校图书馆阅读推广服务面向的是校内外读者，开展活动的范围不仅在校内也可以迈出校门走进社会。

高校图书馆阅读推广的主体，不仅仅指图书馆员，还应该包括学校领导、其他部门、师生读者和校外相关组织和个人。阅读推广工作领导组织成员要积极吸纳有特长、有意愿、有能力的读者代表；在活动策划过程中要积极调研读者的阅读需求，从读者的角度出发考虑活动的内容和形式；在活动组织实施过程中，要善于利用教师联盟、读者协会、青年志愿者、企业行业协会和社会名流等社团组织和个人资源，保障活动深入有效地开展，以便实现活动的宗旨和目标。

### （二）建立健全制度，规范引导个体阅读推广

规章制度的建立健全能够行之有效地对个体阅读推广进行规范，并引导其发展。高校图书馆应当实现活动规划的强化，对阅读推广中个体拥有的权利、应尽的义务加以明确，在高校图书馆阅读推广体系中融入个体力量。

第一，高校图书馆要对阅读推广的意义、价值与重要性进行积极宣传，力争与高校其他组织、有关部门进行联合，站在高校层面将阅读推广事业规划制订出来，在高校文化建设"十四五"规划中纳入阅读推广事业，同时，在校园文化建设和阅读推广中，对教师读者、学生读者的意义与主体地位进行明确与突出。

第二，在对高校图书馆阅读推广工作方案、规划进行制订时，也要对阅读推广工作中教师读者、学生读者的主体地位进行明确与突出。

第三，对阅读推广规章制度进行完善，同时，对"阅读推广人"进行积极培养，使之投身于图书馆阅读推广工作。

第四，对相关工作规章制度进行完善。例如，对读者协会管理制度进行完善，通过资源、资金、政策等途径，为协会组织及开展阅读推广活动提供支持力量，为协会成员提供培训机会，实现其阅读推广意识、能力的提升。

第五，以《普通高校图书馆规程》为依托，对图书馆社会化服务管理机制进行完善，为社会读者对图书馆资源的利用注入助推力量，同时积极对社会资源进行引导与吸纳，确保阅读推广活动更好地开展。

### （三）搭建平台，凝聚力量

高校图书馆须对新媒体技术、计算机网络通信技术着力运用，立足现有阅读推广管理平台，打造出独立的高校个体阅读推广网络管理平台或者独立的、具有权威性的、统一的个体阅读推广网络管理平台，从而实现力量凝聚、资源整合。

具体而言，可以采用如下运作形式：图书馆阅读推广工作组织为主办方，图书馆为主管方，高校为主导方。平台的具体板块与功能，应当重点涵盖如下内容。

（1）推广项目板块。依照个体通过高校图书馆开展阅读推广活动的形式与模式，分门别类地对二级板块进行设置，对全国范围内的个体阅读推广人、项目、组织进行汇总，对个体阅读推广项目进行集中介绍、宣传，实现项目认知度的提升，也实现个人综合素质和阅读推广水平能力的提升。

（2）资源共享板块。对各种资源进行整理共享，包括阅读法律法规、图书在版编目数据、阅读推广人培训资料、图书共享资源、阅读推广经典案例、已有优秀推荐书目、开放获取资源库等，将文献资源支持提供给个体，使其更好地开展阅读推广活动。

（3）信息公告板块。该板块主要负责对公告、通知进行发布，如评选、比赛、培训、会议、志愿者招募等信息，以及刊登新闻报道，为个体阅读过程中的互动、交流提供便利。

（4）友情、合作单位板块。该板块主要负责对相关组织信息进行介绍，如学生社团、志愿者组织、高校其他部门、数字和有声阅读网站、各出版发行机构、各类型图书馆、各省级图书情报委员会、中国图书学会等，同时提供这些组织的超链接，将对外交流的契机提供给个体阅读推广者，帮助其拓宽渠道寻找支援力量。

（5）实时互动板块。该板块主要负责对图书馆阅读推广的新媒体工作平台进行链接与介绍，如QQ群、微信公众号、微博、贴吧、相关论坛等，从而助力个体阅读推广的日常互动、交流。

（6）实践与理论研究板块。这一板块旨在对个体阅读推广活动集中进行总结、研究与评估，对个体阅读推广活动的未来发展方向进行探讨，包括对《高校图书馆阅读推广年度报告》进行编制与发布，对个体阅读推广活动进行介绍；举办年度最佳校园个体阅读推广人物、志愿者、书香班级、学生社团、读书会等评比活动；积极创办、刊发《阅读推广报》，并在报纸上开设专栏，对个体在阅读推广中的理论与实践进行报道。

总的来说，民众是全民阅读推广的力量源泉，全民参与是全民阅读推广的最佳路径。在高校图书馆阅读推广过程中，个体有着明显优势、显著特点、突出地位，但也应得到高校图书馆的积极扶持、正确引导，成功构建长效活动运行机制。

## 第二节　高校图书馆阅读推广活动品牌化

市场营销学是"品牌"这一概念的来源，具体而言，品牌是一种价值理念、识别标志，同时也从核心层面体现出品质之优异。

在阅读推广中引入"品牌"这一概念，对阅读推广品牌进行打造，有利于读者发自内心地认同阅读推广品牌，实现读者心中对高校图书馆满意度的提升[①]。

现如今，高校越发对品牌予以重视，认识到"品牌"的重要意义。对于阅读推广活动而言，品牌效能能够确保其长久性、持续性，对打造蕴含高校特色的阅读品牌活动而言，可谓意义重大。

### 一、高校图书馆阅读推广品牌化的内涵

阅读推广旨在对读者的阅读习惯进行培养，对其阅读兴趣进行激发，实现读者阅读水平的提升。对于校园文化而言，高校图书馆是其重要阵地，阅读推广工作与图书馆之间的关系十分密切，是不可分割的。

具体而言，高校图书馆的阅读推广工作，就是依托多姿多彩的文化活动，唤醒读者阅读的愿望，尽可能地实现全部读者阅读能力、阅读素质的提升，对当代大学生进行激励与引导，使之将正确的世界观、人生观、价值观树立起来，自觉自愿地接受教育[②]。

而高校阅读推广品牌，就是在以图书馆为主导的各类阅读推广活动中长期积累形成的全校师生乃至社会对该校阅读文化活动的一种认可，具有无形的价值[③]。伴随高校阅读推广活动质量的提升、口碑的提高，该活动的影响力、参与度也随之提升，潜移默化之间，阅读推广品牌便自然而然地形成了。

高校图书馆既要对丰富多彩的阅读推广活动进行开展，又要对品牌建设予以重视，还要致力于打造高校图书馆阅读推广品牌，实现品牌影响力、知名度的提升，从而吸引读者目光，实现大学生综合素质的提升，最终助力阅读推广工作的长效化、专业化。

每年9月，高校都会迎来一批大一新生，这就代表着高校图书馆阅读推广活动每年都会迎来新的受众。所以，高校图书馆应当对"打造阅读推广品牌"予

---

① 曹国凤.高校图书馆阅读推广活动品牌创建与思考[J].情报探索，2015（10）：96-98，102.
② 刘海莹.高校图书馆阅读推广案例分析[J].内蒙古科技与经济，2017（1）：131-132，134.
③ 夏烨.基于品牌建设的高校阅读推广服务探析[J].图书馆学刊，2017（6）：107-109.

以更多重视，借此将可持续发展的长效机制建立起来。高校图书馆一定要认识到，塑造品牌对于自身核心竞争力的提升而言可谓大有裨益，有助于自身价值、职能的充分发挥，从而让自己在新时代充满锐意进取、与时俱进的创新动力与活力。

当高校图书馆打造出自身独特的品牌形象后，读者心中也会留有深刻印象，渐渐地，这一鲜明的品牌形象将融入校园文化，成为其重要组成部分。总的来说，阅读推广品牌化，能够让读者更加了解阅读推广活动，让阅读推广活动吸引更多读者参与，实现推广服务价值存在感的强化，继而实现阅读推广服务质量的提升，有助于图书馆整体形象、地位的提升。

## 二、高校图书馆阅读推广的品牌化建设

### （一）明确的品牌定位

"品牌定位"属于一种思维活动，且极具创造性。具体到阅读推广的品牌定位，就是立足目标读者的阅读需求，将阅读推广服务定位在读者心中，并通过推广活动与读者建立一种内在联系的过程。成功的品牌定位是服务价值被认同的助推剂[①]。

### （二）独特的品牌设计

所谓品牌设计，从本质来看，即树立个性化品牌形象，具体而言，是通过设定品牌基本要素（如标识、名称等），对品牌的宣传目标、价值取向、文化内涵进行展现。

品牌形象要想深深烙印在人们心间，就要拥有创意独特的品牌设计，重点包括两项内容，分别是识别要素与方案设计。

1. 识别要素

想要唤起人们对品牌的记忆，关键在于品牌名称。在对阅读推广活动进行开展的过程中，第一步就是将一个名称赋予推广品牌，这个名称必须清楚易记、有着很强的亲和力、易于传播且能够体现推广品牌的特色。

除此之外，还需要为品牌设计出特征明显的标识，从而让人们对阅读活动有更深的认识与了解，使之能够在阅读推广活动与品牌标识之间建立关联、产生联想，最终让"品牌"成为某项阅读推广活动的名片。

---

① 成俊颖.阅读推广品牌管理初探［J］.上海高校图书情报工作研究，2018（4）：23-29.

2.方案设计

品牌定位的延伸就是"活动方案",同时,品牌活动也以"活动方案"为形式载体。

设计品牌方案时,首先应当对目标群体的需求进行分析,并立足于此,对合理的技术系统、科学的方法进行应用,构思出能够符合主题定位的解答方案,从而具体化品牌目标与品牌价值。

例如,兰州大学图书馆的"风速对话",其每一期都会邀请校内、校外热爱读书且特点鲜明的职场人士作为分享嘉宾。这些嘉宾来自各行各业,都是出类拔萃的人才。在推广活动中,兰州大学图书馆邀请过作家学者、业内资深专家、省级领军人才、国内学科新秀等。这些活动特邀嘉宾所扮演的角色即"意见领袖"。在美籍奥地利传播学者拉扎斯菲尔德(Lazarsfeld)看来,所谓意见领袖,就是能够在一定程度上对他人行为进行改变或者对他人态度产生非正式影响的个人。立足这一点来说,意见领袖实际上是证实者、说服者和告知者。

这些嘉宾切实发挥"意见领袖"的作用,通过对书籍进行推荐、引导、培育读者的阅读兴趣,同时和来到现场的读者分享读书心得,针对人生感悟加以交流,促进读者思考,实现思维提升,向读者内心世界深入,从而让读者在体验过程中实现了阅读兴趣的强化,不仅对阅读的魅力有了更深刻的体悟,更实现了人生认知的增强、人生情感的丰富,实现了个人修养、人生观、价值观的提升。

通过品牌化的深阅读,高校图书馆能够创设有着浓厚氛围的阅读环境,有助于实现读者阅读素养、文化修养的提升,有助于读者深度思考的推动,有助于读者阅读兴趣的有效提升,也有助于读者阅读需求的深度挖掘。

### (三)多维度的品牌传播

所谓"阅读推广的品牌传播",其内容为"品牌向读者提供的核心价值",基础为"品牌识别",利用多种传播方式(如人际交往、组织传播、大众传播等),宣传阅读推广品牌,让读者心中的品牌形象有着更强的和谐度、美誉度与认知度。

第一,阅读推广品牌应当以"大众传播"为传播方式的首选。

高校图书馆通过对目标群体的接触特点进行分析,在自己的网页开展全方位品牌宣传报道,实现活动关注度、知晓度的提升。由于高校读者对信息传播中的分享、互动、交流分外青睐,高校图书馆应当利用好社交媒体(如微博、微信、QQ等),做好品牌的线上宣传。当然,高校图书馆也要重视线下宣传,通过传统传播渠道（如海报广告、宣传栏等）开展宣传，有机结合线上、线下，构建立体化的大众传播模式，实现读者对品牌感受与认知的提升。

第二，抓好组织传播。

高校图书馆应当对读者俱乐部这一校园学生阅读推广社团的组织效应进行充分利用，对品牌进行着力宣传，让读者俱乐部关注阅读推广品牌，并形成相关的解释、说明、讨论，最终凝聚有关共识，在阅读推广品牌宣传方面取得理想成效。

第三，充分发挥人际传播的力量。

对于阅读推广品牌传播而言，阅读推广活动本身就是一种途径、一种方式。高校图书馆要想将阅读推广品牌做优、做精，可以通过开展阅读推广活动，对读者进行激励，使其回归阅读、收获满满，同时，通过一系列活动（如校园畅享、宿舍信息分享、读者交流等），让读者向身边的同学分享自己参加阅读推广活动所获得的切身体会，继而形成阅读推广品牌的好口碑，在读者群体之间利用口碑效应形成传播，继而实现阅读推广品牌美誉度的形成与提升。

### （四）可持续的品牌维系

当高校图书馆创立了阅读推广品牌后，就要通过推广宣传形成品牌知名度；通过深耕细作形成品牌影响力与美誉度；还应对读者的需求不断进行分析，维护品牌，尽全力将读者忠诚度建立起来。也就是说，要让读者在一定程度上对阅读推广品牌形成价值认同，基于此形成独特情感，使其能够对活动长期关注、持续参与。

生于美国的世界营销大师菲利普·科特勒（Philip Kotler）认为，凡品牌必然有一定的生命周期。经过一系列运作，品牌经历导入期、知晓期，知名度变得较高，让读者产生了信赖感、认同感，随后便进入品牌的完善期、维护期。

当高校图书馆建立起富有影响力的阅读推广品牌后，就要运用种种必要手段维护品牌形象，依照高校宣传目标的变化以及国家相关政策的变化，对良好的品牌形象不断加以完善，让读者更加认同阅读推广品牌，提升其信赖感、归属感。

1. 保证阅读推广的高质量，提高读者的信赖感

对于品牌而言，"质量"是其核心。从本质来看，读者之所以信赖品牌，主要是信赖阅读推广活动的质量。

读者在对高质量的阅读推广活动进行参与后，获得感强烈，也因此让自己的身心都处于愉悦状态，既对信息进行获取，又促进自身思考，获得激发学习兴趣的力量，养成阅读习惯，更丰富了自身的阅历，明确了今后的职业规划乃至人生规划。

所以，高校图书馆在每一次阅读推广活动中都要尽最大努力做到精益求精，无论是选择阅读推广嘉宾，还是活动策划、前期宣传、后期分享与总结，都要力求完美，通过高质量地对读者阅读兴趣进行激发，为阅读后的思考与交流分享注入动力，让读者参与活动后，心中有着满满的获得感。对于品牌维护而言，这可以说是非常关键、重要的环节。

2.延伸品牌服务，增强品牌联想，提升品牌内涵

通过品牌形成的联想就是品牌联想。在参与阅读推广活动后，读者一旦听到该推广品牌，脑海中就会浮现种种联想。通过对阅读推广的品牌服务进行延伸，对阅读推广活动加以丰富，读者对阅读推广品牌产生的品牌联想将更饱满、更立体，从而实现品牌内涵的提升。

图书馆的深阅读推广品牌，应当推出更多新活动，这些新活动应当是独特新颖的、能够深入读者内心的、与读者内心世界契合度较高的活动，从而有效实现读者对品牌联想的增强，确保读者对阅读推广品牌产生的联想更饱满、更丰富、更多元，让阅读推广品牌在其心中居于重要位置。

3.跟进需求变化，重新评定品牌定位

对于品牌维护来说，有一个方面非常重要，那就是在发展过程中，品牌会受到多方因素影响（如读者需求变化、图书馆所处机构的文化环境变化、社会环境变化等），从而必须调整自身定位。

具体而言，高校图书馆应当定期收集读者反馈，与读者互动、交流，继而对读者需求的变化信息进行掌握，同时，也要对国家和学校文化环境的信息调整及时跟进，对阅读推广品牌定位进行重新分析、审视，把关活动策划，合理、科学地判断是否应当调整品牌定位以及该调整应如何进行。

## 第三节 高校图书馆社会化阅读推广

### 一、高校图书馆社会化阅读推广理论依据

#### (一)政策制度基础

各国(组织)为加强图书馆社会文化服务能力,推进全民阅读推广事业发展,先后制定了诸多法律规章制度(政策宣言),其核心价值理念即图书馆应当承担阅读推广事业的主体角色和责任,向社会敞开大门,为大众提供信息服务。

美国1956年制定的《高等教育法》规定:美国大学有权享受联邦政府的补助,也有义务为全体纳税人提供信息服务;20世纪60年代颁布的《图书馆服务和建设法案》,对各类图书馆提出要求,让它们将图书馆和信息服务提供给那些无法享受到图书馆服务的人,尤其是提供给贫困家庭中不满七岁的儿童[1]。

20世纪80年代初,英国图书馆协会发布了《社区信息服务:图书馆能做些什么?》,表明图书馆将信息服务提供给社区,就是为个人、团体日常问题的解决提供帮助,助力其参与民主进程。

2000年,丹麦颁布了《图书馆服务法》,并在其中明确规定,文献资源典藏中心馆——国立以及大学图书馆——必须积极参与国内外图书馆馆际互借活动,将信息服务提供给社会[2]。

1986年,日本国立大学图书馆协议会成立的"研究大学图书馆开放"的调研组发表了"关于国立大学图书馆实施开放服务目前的对策"的研究报告,报告指出,为更好地与社会需求相适应,大学图书馆必须坚持开放[3]。

1994年,韩国制定了《图书馆及读书振兴法》,旨在将必要的环境创造出来,并对相关的内容进行规定,助推图书馆及文库的设立、运营以及振兴;建立健全图书馆与文库体系,促进读书活动的开展,对社会所需的知识信息进行全方位提供,实现流通效率的提升,为文化发展以及终身教育发展注入动力[4]。

2008年,中国图书馆学会正式发布了《图书馆服务宣言》,提出:"图书

---

[1] 刘淑娟.美国大学图书馆管理规制及启示[J].科技管理研究,2009(6):245-248.
[2] 王彩云.论高校图书馆与公共文化服务体系的构建[J].图书馆工作与研究,2010(1):26-29.
[3] 赵国忠,张创军.高校图书馆社会化服务概论[M].北京:国家图书馆出版社,2016:65.
[4] 李炳穆,太贤淑,段明莲.韩国图书馆法[J].图书情报工作,2008,52(6):6-21.

馆要努力促进全民阅读。……为公民终身教育提供保障，要促进学习型社会的建设。"

2015年，我国教育部印发了《普通高等学校图书馆规程》进行印发，指出："高等学校图书馆应充分发挥在文化传承创新中的作用……积极参与各种资源共建共享，发挥信息资源优势和专业服务优势，为社会服务。"

### （二）专家学者观点

在国内外图书馆事业发展历史进程中，大部分专家学者一直都在探究高校图书馆如何提升管理水平来满足不断增长的社会化读者阅读需求和承担社会文化传承职责。

长期以来，学者普遍认识到高校图书馆在全民阅读推广事业中主体地位的重要性。同时，大众在非正式学习和阅读过程中对高校图书馆的需求也日益增强，也让高校图书馆备感向社会开放为大众提供阅读服务的重要性和紧迫感。

印度图书馆学家阮冈纳赞（Ranganathan）提出"图书馆学五定律"，要求图书馆的大门向一切人敞开，要求图书馆开展宣传工作。

国外学者南希·考特尼（Nancy Courtney）认为："高校图书馆与社会的互相联系是非常必要的，服务项目应包括创建在线数字档案、书目指南、促进儿童的信息素养教育、提高民众获得政务信息和健康信息的能力。"

国外学者罗伯特·威瑟斯（Robert Wither）认为："宣传推广对于有效吸引社区居民、扩大图书馆知名度来说很重要……在高校开展大学预科项目中图书馆的作用也很重要。"

在担任北大图书馆馆长期间，李大钊曾提出藏书建设方针——"兼容互需"[1]，基于此，北大图书馆发展成为对新文化和马克思主义弘扬、传播的重要基地，实现了启蒙功能的发挥，也实现了民智的深层次开启。

图书馆学家卢震京也曾郑重表明，"高校图书馆是收集、整理和保存文献资料，并向师生和社会民众提供使用的教育文化性质的服务机构"[2]。

伴随全民阅读推广事业向纵深推进，当前，越来越多的专家学者指出，全民阅读推广事业中，高校图书馆是重要推动力量。

---

[1] 赵静.高校图书馆的功能演进［M］.北京：清华大学出版社，2016：7.
[2] 卢震京.图书馆学辞典［M］.北京：商务印书馆，1958：382.

## 二、我国高校图书馆社会化阅读推广的问题

### （一）顶层设计有待进一步完善

近年来，在研究"阅读推广"方面，国内学者、专家投入了极大的热情。不过，我们也要看到，从整理角度而言，关于"阅读推广"的理论研究依旧比工作实践落后。

举例而言，今时今日，国内学界仍未就阅读推广及其相关概念达成统一意见，仍未针对如下问题给出定论：高校图书馆服务范畴是否包含社会化阅读推广、社会化服务与全民阅读推广之间的关系、阅读推广事业中图书馆的地位等。加之图书馆自身缺乏主体理论自觉与创新，造成全民阅读推广中，高校图书馆主体地位模糊。

与此同时，社会化阅读推广工作仍然处于初始阶段，实践未能对理论起到充分的促进作用，相关理论体系依旧存在不足之处，亟待完善。

### （二）内外需求有待进一步加强

1. 图书馆主动意愿不足

首先，高校图书馆并未彻底摒弃"封闭式"观念与"重藏轻用"观念。部分图书馆教职工乃至高校领导囿于传统、墨守成规、安于现状，没有开拓创新、主动出击的社会化服务意识，没有主动、积极开展社会化阅读推广工作的理念。

其次，高校图书馆无论是藏书结构还是管理模式，都从校内科研工作、教学工作出发，有着根深蒂固的"校本位"理念，还受到许多问题的制约（如知识产权问题）。尽管高校图书馆资源从本质上看就是社会资源，然而部分高校图书馆馆长却或者无意或者有意地对此进行忽略，未能树立起资源共享、开放的理念。

最后，人员、资源、空间不足。部分高校图书馆往往忧虑校外读者会对校内读者的权利与资源进行挤占，害怕增加工作量后，会造成安全、管理隐患的增加，面对社会化阅读推广工作，显然缺乏自信心。

2. 社会大众需求意愿不足

首先，现如今，社会中仍未真正养成大众终身学习、非正式学习的风气，人民群众对社会文化服务部门的信息服务需求不够强烈，很少积极主动地加以寻求。

其次，社会大众未能正确认知高校图书馆的文化传承创新功能以及社会服务

功能，囿于老思想、老观念，认为自己是校外人员，不能自由进出高校以及高校图书馆大门，总是向公共文化服务体系中的政府文化行政部门寻求服务，并未意识到以高校为代表的文化事业单位也是可以寻求服务的对象。

最后，社会大众欠缺必要的阅读技能与信息素养，难以对高校图书馆与资源进行有效、正确的使用。尽管高校图书馆有着海量资源，然而对于社会大众而言却是可望而不可即的，他们只能选择其他方式和路径对自身的阅读问题进行解决，满足信息资源需求。

### （三）主体作用有待进一步提升

#### 1.活动组织能力不足

首先，缺乏健全的活动主体机构。通过对欧美国家高校图书馆进行分析，不难看出，其大部分都建立了专门机构，对校外读者类型加以细化，将多层次、有针对性的阅读推广服务提供给人民群众。回望我国，仍有部分高校图书馆未对类似部门进行设置，未在主要业务中纳入社会化阅读推广，造成活动组织能力较为薄弱。

其次，主体之间缺乏合作。因为区域、行业壁垒以及体制限制，其他全民阅读推广主体和高校图书馆之间彼此学习、一同进步的理想仍未真正实现，也未能完全打开共享资源、联合开展阅读推广活动的局面。除此之外，高校图书馆参与的全国和地区性阅读推广联盟的数量不多、种类不够丰富，联盟能组织的活动具备深刻而长远影响力的较少。

最后，主体能力存在明显差异。不同高校图书馆之间，无论是推广服务工作水平还是推广服务内容，都差距较大。例如，相较于欠发达地区高校图书馆、地方高校图书馆，发达地区高校图书馆、部级高校图书馆有着更深远的效益、更广的覆盖面以及更快的工作实践进展。基于此，实现活动主体业务能力全面提升的工作具有艰巨性、长期性。

#### 2.活动的影响力有限

第一，高校图书馆自己组织的活动缺乏影响力。总体而言，高校图书馆社会化阅读推广工作规模较小，有着较窄的对象覆盖面，欠缺影响力与对读者的吸引力。

第二，高校图书馆对其他主体活动缺乏影响力。与国外相比，国内高校图书馆有着较少的参与全民阅读推广的其他主体（如民间阅读公益性组织、出版发行机构、公共图书馆、政府等）开展活动的案例，或者尽管对这些活动进行参与，也欠缺广度与深度，欠缺积极性，未能充分给予活动支持力量。

3.活动转型提质进度慢

从客观上看，国家政府、专家学者对公共图书馆的主体地位较为重视，却未能具体、明确地规定高校图书馆的主体地位，未能给出详尽的指导意见。在全民阅读推广事业中，中国图书馆学会等影响力很强的组织机构也未能针对高校图书馆具体地提供培养社会化阅读推广业务能力的渠道与机制。上述种种，都造成高校图书馆社会化阅读推广活动组织水平、能力未能实现快速提升。

长期以来，一些高校图书馆全民阅读推广活动主要是为校外读者办理借阅证，将简单的借阅服务提供给他们，辅之以讲座、信息素养培训活动。在高校图书馆全民阅读推广活动中，其未能对先进的技术手段进行运用，未能树立先进的工作理念，未能将长效的阅读能力提升、阅读兴趣培养活动组织起来，也未能对国外高校图书馆的成功经验进行借鉴，未能对校外读者类型加以细化，对工作手续、流程进行简化，难以将精准的阅读推广服务提供给读者。

## 三、高校图书馆社会化阅读推广策略

### （一）提高认识，建立社会化阅读推广机制

1.转变思想观念

高校图书馆开展社会化阅读推广工作，应当将"思想转变"作为首要问题进行解决。我们都知道，国家建设的图书馆、高校，属于公共文化资源，为全社会所共有。因此，高校图书馆一定要树立读者至上理念，坚持资源共享观念，实现图书馆资源利用率最大化，为知识信息的共享与传递注入不竭动力。

具体而言，高校领导要实现自身观念转变，不能再囿于单一教育圈子，要在心中将大教育观树立起来，在校内教师、学生文献资源需求得到满足时，对"走出去"与"开门"政策积极落实，主动对社会大众文化服务需求予以满足。

高校图书馆也要实现自身服务理念的转变，不惧挑战，敢于肩负新使命、新任务，主动对服务项目进行丰富，对服务模式加以创新，对校外读者阅读愿望以及阅读能力提升的期盼予以满足。

除此之外，高校图书馆也要积极主动对先进的工作理念进行学习，不断总结工作，让理论结合于实践，确保形成持续的、可循环的工作体系，不断提升工作效益。

### 2.健全规章制度

高校图书馆工作开展中，有一对矛盾十分显著，那就是社会化阅读推广工作地位的重要性与模糊性。为此，国家和行业主管部门要尽快完善高等学校图书馆法，从而明确这一矛盾，并尽快对该矛盾予以解决。

高校图书馆既要对相关法律法规的制定、完善予以积极推进，也要在法律法规制定、完善之前，做好自己力所能及之事。对于高校管理者而言，应当从现有工作基础出发，尽最大努力超越当前"有限责任"范畴，在对"十四五"规划进行制定实施过程中，积极在图书馆范畴中纳入社会化阅读推广。在图书馆发展规划指导下，高校图书馆要在年度工作要点中列入社会化阅读推广，对校外读者服务内容、模式进行主动探索、积极创新，对阅读推广部门职责进行完善，健全相关工作制度，如阅读推广人负责制，对图书馆精神进行弘扬，将馆员社会化服务理念树立起来。

### 3.加强宣传引导

图书馆要想做好阅读推广工作，就必须提升宣传工作能力。高校图书馆要将市场观念树立起来，运用营销管理等手段、知识，加大宣传工作开展力度。

例如，高校图书馆可以采用综合式销售策略，依照社会读者对图书馆纪律的遵守情况、图书借阅量等，将更多的图书馆使用权限给予他们，对其进行鼓励，让他们对高校图书馆多加利用。同时，高校图书馆可以将更多的优惠政策提供给那些协助图书馆开展阅读推广活动的社会读者，鼓励他们积极参与图书馆的宣传推广活动，引导大众对图书馆进行利用。

除此之外，高校图书馆要将品牌意识树立起来，实现推广活动知晓度、认可度、参与度的提升；高校图书馆要运用互联网思维，对现代网络技术加以应用，对推广服务与资源进行立体化宣传。

## （二）内外兼顾，完善社会化阅读推广主体体系

### 1.加强自身主体建设

（1）健全组织机构。第一，将专门组织机构建立起来，配置专职人员，对社会读者阅读推广工作负责。第二，开设独立的校外读者阅读服务空间，对校外读者阅读习惯进行培养，实现其信息素养的提升。第三，强化学科馆建设，对信息共享空间进行构建与完善，实现制造空间、创客空间、城市第三空间等功能的强化，为创意文化发展提供平台。第四，增加校外大众阅读支持点，实现自助图

书借阅系统、田间图书馆、流动图书馆覆盖面的扩大。第五，积极参加各类阅读推广人培训活动，落实阅读推广人负责制，实现馆员社会化阅读推广实践工作能力的强化以及相关理论水平的提升。

（2）丰富主体成员组成结构。一方面，对具有专业特长（如计算机、艺术、营销等专业）的馆员进行"招贤纳士"；另一方面，通过对校内阅读推广大使进行培养、评选，对学校校友、退休教职工以及在校教师及学生资源进行吸纳整合。

2. 促进阅读推广联盟建设

高校图书馆参与建设阅读推广联盟，不仅能促进自身和其他联盟主体建设，也是发挥社会化阅读推广主体作用的重要途径。

（1）阅读推广联盟类型。阅读推广联盟从成员的性质和级别角度进行分类，可分为两大类、四小类，详情如表8-1所示。此种联盟不仅能有效整合社会各类资源，也能有效促进高校图书馆之间、高校图书馆与其他联盟主体之间的交流与合作。

表8-1 阅读推广联盟类型统计表

| 大类 | 小类 | 典型成员 |
| --- | --- | --- |
| 同质性 | 1. 同质异级性 | 国家图书馆、省级图书馆、市级图书馆、县级图书馆等 |
| | 2. 同质同级性 | 公共图书馆、高校图书馆、专业（科研）图书馆、儿童图书馆等 |
| 异质性 | 3. 异质同级性 | 高校图书馆、艺术文博群文机构、媒体出版发行机构、行业协会、公益组织等 |
| | 4. 异质异级性 | 国际组织、国家图书馆学会、高校图书馆、政府、书店、中小学、企业、社区图书室、农家书屋、民间阅读组织、个人等 |

（2）阅读推广联盟主体建设。从联盟中高校图书馆所处的不同地位出发，我们可以将联盟划分为如下两种：高校图书馆参与型和高校图书馆主导型。当然，不管是高校图书馆主导型联盟还是高校图书馆参与型联盟，都必须对如下工作予以重视与强化，实现联盟主体建设的健全与完善。

首先，对联盟成立常设管理机构予以支持。在条件允许的情况下，应当明确机构内的各部门，如联络组、工作组、秘书处、领导机构等。同时，还应将师生志愿者队伍与专职人员提供给机构，实现机构人力资源建设的强化。

其次，对联盟建立人才流动机制予以提倡，在成员间积极开展人员交流培训工作，对校内教学资源进行整合，以更好地配合此方面工作，并提供相应支持。

最后，积极参加其他类型图书馆阅读推广联盟，实现彼此之间的力量凝聚、强强联合。举例而言，美国教育协会就和"阅读火箭"活动组织进行合作，开展了"读遍美国"运动，诸如此类的成功案例、经典案例都是有很多值得借鉴之处的[①]。

### （三）联合活动，提升社会化阅读推广活动效益

首先要明确的是，本书此处探讨的"其他主体"，主要是个人、企业、农家书屋、社区图书室等。尽管其他主体有着较为薄弱的综合阅读推广能力，然而对于高校图书馆社会化阅读推广工作而言，其可谓"前沿阵地"。

高校图书馆通过对其他主体建设进行扶持，与其他主体联合起来共同开展活动，也是当前对自身不足进行弥补、对自身优势加以发挥、对社会化阅读推广工作进行落实的便捷之举。

1. 增强其他主体的活动基础

高校图书馆可以通过多种手段，对其他主体的软件建设、硬件建设进行协助支援，如技术指导、文献传递、馆际互借、联合编目、统一采购等，为文化服务均等化、普及化、社区化注入力量，将丰富的阅读资源、便利的阅读场所提供给人民群众，将社会化阅读推广"最后一平方米"和"最后一米"彻底打通。

2. 提升其他主体的工作能力

常言道，授人以鱼不如授人以渔。高校图书馆应当对学校教学资源进行整合，从而实现其他主体工作人员阅读推广活动能力的提升，其有这个能力，也应当承担这一责任。例如，高校图书馆可以通过共享阅读推广人培训课程（如"信息检索""阅读学"），将线上学习资源提供给其他主体的工作人员。

高校图书馆在培训其他主体时，还可以利用线下组织专项训练的形式。例如，贵州师范大学图书馆对"阅读课堂"进行组织、实施，这种阅读推广活动具有专业性，面向群体是幼儿教师，其专门开设了"阅读堂——学前书刊阅读"系列课程，活动对象既包括贵州师范大学学前教育专业的本科生，也包括参与"国培计划"的中小学教师和幼儿教师，旨在实现教师阅读推广能力的有效提升[②]。

---

① 赵俊玲，郭腊梅，杨绍志. 阅读推广：理念·方法·案例[M]. 北京：国家图书馆出版社，2013：119.
② 陈进，李笑野，郭晶. 高校图书馆阅读推广案例精编[M]. 北京：海洋出版社，2017：360-368.

### 3. 联合其他主体开展活动

高校图书馆应当与其他主体主动联合，对自身优势进行利用，对其他主体加以带动，利用其他主体的资源，对自身不足加以弥补，与之共同开展社会化阅读推广活动。

高校图书馆要注意的是，在上述过程中，要避免"全面撒网"，一定要对重点进行突出，对循序渐进原则予以坚持。

在联合其他主体开展活动的过程中，高校图书馆的首要任务是对读者进行细化，将服务优先提供给那些亟须实现自身文化素质提升、亟须获得信息帮助的读者。

例如，高校图书馆可以联合社区图书室、书店，利用微博、微信等网络自媒体技术，通过邮寄方式将图书借阅服务提供给残障人士、下岗人员、农民工；再如，高校图书馆可以联合工矿企业，将继续教育培训、图书馆介绍、信息素质教育提供给这些企业的员工；又如，高校图书馆可以联合社区，将兴趣培养服务提供给儿童。南京财经大学就联合栖霞区仙林新村社区，将"玩具图书馆"建立起来，给社区儿童提供服务。

当图书馆自身实力得到强化，建立起更加完善、更加成熟的联合工作机制后，就可以渐渐对那些有着更高资源要求、更强专业性的推广活动进行开展。

例如，高校图书馆可以联合博物馆、少年宫，对早教项目、家庭课程进行开设；可以联合个人或民间阅读组织，将阅读资源和阅读活动空间提供给他们，引导他们明确活动方向，帮助其对活动效益性、持续性等问题进行解决；还可以联合公益组织，对阅读推广项目进行开发；等等。

近年来，在全民阅读推广主体建设方面，我国取得的进步是有目共睹的，尤其在各类型图书馆升级换代方面，取得了显著成绩。但是，我们也要认识到，当前读者阅读需求日益复杂，社会读者数量众多，而图书馆的服务能力仍有所欠缺、图书馆数量仍不充足，所以社会化阅读推广事业也面临着不小的压力。

今时今日，让公共图书馆以一己之力对全民阅读推广事业负责，俨然并非科学的、合理的、正确的发展方向。身为图书馆界的重要分子，同时也是公共文化服务体系的重要组成部分，高校图书馆有能力也有义务开展面向社会读者的阅读推广活动，充分发挥其在社会化阅读推广工作中的主体作用，将长效、优质的阅读推广服务提供给广大人民群众。

## 第四节　高校图书馆新媒体阅读推广

### 一、新媒体概述

新媒体涵盖了一切数字化的媒体形式，包括数字报纸杂志、数字电视、移动端媒体、网络媒体以及一切数字化的传统媒体。新媒体属于相对概念，是继传统媒体（如电视、广播、报刊等）发展起来的新的媒体形态，包括数字电视、手机媒体、网络媒体等。新媒体这一概念是宽泛的，是对网络技术、数字技术加以利用，通过多种渠道（如卫星、互联网、无线通信网、宽带局域网），以及数字电视机、手机、电脑等终端，将娱乐服务与信息提供给用户的传播形态。

### 二、高校图书馆新媒体阅读推广实践

为"推广阅读文化，弘扬大学精神"，2015年，我国举办了首届全国高校图书馆阅读推广案例大赛，大赛收到来自全国各地180多所高校图书馆的456个经典案例。大多案例来自"985"高校图书馆，同时也有案例来自一般本科学校和高职高专类高校图书馆。大多数案例中，或多或少地都应用了新媒体技术，得到了专家评委的普遍认可，并在实际活动中取得了很好的效果。

另外，获2012年第10届IFLA国际营销奖第一名的清华大学图书馆的"爱上图书馆"系列短剧，通过图书馆主页、优酷网、酷6网、新浪微博等平台进行宣传，深受用户欢迎。

### 三、高校图书馆新媒体阅读推广策略

#### （一）提高馆员认识，搭建活动平台

根据实践经验和新媒体自身特点和优势，合理应用新媒体技术丰富阅读推广活动内容和形式，将有效提升活动宣传及整体效果。由于工作思想观念和新媒体技术应用经验不足等原因，目前高校图书馆应用新媒体技术开展阅读推广活动的广度不够，部分高校图书馆仍然有意无意地坚持利用传统模式开展活动。

另外，部分高校图书馆利用新媒体转型阅读推广活动的深度也不够，仅仅通过图书馆官方网站和微博、微信等平台，将活动信息简单粗犷地予以宣传，并没有对活动进行全程性、立体化的深入宣传报道，也没有将新媒体技术和理念深入应用到整个活动的组织实施过程中。

面对新的信息传播技术变革带来的挑战和机遇，高校图书馆应该与时俱进、解放思想。

首先，加强工作顶层设计。要树立积极应用新媒体技术和方法的工作理念，加强新媒体阅读推广服务模式的整体规划，基于不同技术和手段，自主开发管理独立的图书馆门户网站，然后有步骤有计划地开展数字资源阅读推广、移动图书馆推广和电子阅读器借阅推广等工作，逐步将新媒体技术和理念融合进整个活动，以便提升活动效益。

其次，加强内部宣传和培训工作。新媒体时代背景下，信息传播方式、渠道和内容的急剧转变，对于图书馆员来说也是一种新的工作环境。高校图书馆要组织开展面向内部员工的专门性的新媒体概念和应用宣传及培训工作，确保图书馆员首先具备新媒体应用能力，具备内化于心外化于行的新媒体工作状态。

最后，加强活动平台的搭建。高校图书馆应该根据自身的实际需求，开发、利用相关新媒体阅读推广平台，并加强与校内各部门之间的合作，建立一体化的活动平台体系，借鉴新浪微博、腾讯微博、搜狐新闻客户端在阅读推广新媒体平台的搭建过程中强调的"活动矩阵概念"，即通过新媒体平台具有的信息无缝推送、同步等功能，使高校图书馆与各部门之间在开展阅读推广活动中形成统一的网络表达出口，使活动变一家"独唱"为大家"合唱"。

## （二）全面建设资源，加强读者宣传工作

馆藏数字和新媒体资源是图书馆新媒体阅读推广工作的基础条件之一。高校图书馆要大力实施图书馆资源数字化策略，转变资源的利用方式，提高资源的利用率。

大英图书馆为了方便读者利用新媒体品味经典，提高经典文献的利用率，于2011年开始数字化馆藏19世纪的经典文献资源6万多册，读者可以通过智能终端设备等免费下载阅读。同时，高校图书馆需要组织专门机构配置专业人员，加强网络资源的整合，对网络资源进行下载或链接，建立个性化的特色资源服务平台和资源库，方便读者通过新媒体技术利用数字资源。

数字时代背景下，图书馆阅读推广的形式也将随着新媒体技术的应用变得更为丰富多彩。相对于传统的阅读推广活动形式，新媒体阅读推广活动更容易吸引大学生的关注，也更容易被大学生接受，因此高校图书馆必须大力宣传、引导读者接触和接受新形式的资源和推广活动。

同时，虽然网络时代新媒体阅读环境下读者的信息获取渠道更加多样、信息

极为丰富，但网络数字资源也存在信息质量良莠不齐和信息泛滥、信息鸿沟、信息安全、知识产权等问题。因此，读者的新媒体阅读素养亟待加强。高校图书馆应该通过开展信息检索与利用教学、组织新生入馆教育、举办新媒体阅读能力提升培训会等活动，引导师生读者开展新媒体阅读，提高师生读者新媒体阅读能力和兴趣。

### （三）加强经典阅读推广和新媒体阅读推广的融合

浅阅读和碎片化阅读，既对读者汲取经典文献的知识养分产生不利影响，也是图书馆员对数字化阅读推广产生困惑与担忧的根源所在。那么，怎样才能既对新媒体优势进行发挥，实现阅读推广吸引力的提升，又能有效避免大学生阅读的肤浅化、碎片化呢？要想解决这一问题，高校图书馆就要下大功夫，将新媒体与经典阅读有效融合。

一方面，高校图书馆要认识到，读者阅读品位的提升是以阅读内容的质量与建设为前提和基础的。

高校图书馆要对数字化的经典文献资源进行开发，依托网络，借助新媒体力量，将其推送给读者。例如，武汉大学图书馆创建了"珞珈风范——武汉大学名师库"，将各个时期武汉大学的名师资料全面收录其中，读者随意点开一位名师，就能看到有关该名师的众多内容板块——社会记忆、影像故事、笔耕档案、个人传记等。而点开板块后，又能看到十分丰富的档案文献资料或链接。链接既对馆藏信息进行提供，还为读者带来"读秀"全文在线阅读功能。

另一方面，在对读者加以引导使之对经典进行阅读的过程中，合理的阅读推广策略和内容是强有力的保障力量。

高校图书馆应当对各种媒体技术进行整合，开展立体式、多元化阅读推广活动，助推读者阅读经典。例如，中国台湾出版人郝明义对"经典3.0"阅读推广活动进行策划，不仅利用文字形式，更通过影像、图像、讲座等多种方式，赋予阅读生动感、立体感。

除此之外，我们还应认识到，深阅读与浅阅读之间并非"你有我无"的关系，它们各具优势与特性。

### （四）加强传统阅读推广和新媒体阅读推广的融合

随着阅读推广活动的不断深入和新媒体技术的不断发展，以大学生为主要对象的高校图书馆阅读推广活动，将更多地应用或依赖互联网和新媒体技术。然而传统模式下的阅读推广活动也有体验性强、短期影响大、监控方便等优势，所以未来传统阅读推广和新媒体阅读推广将各自发挥优势,两者将相辅相成、共同发展。

同时,高校图书馆阅读推广有时是一系列不同主题的活动,有时又是同一主题一系列不同内容形式的活动,在这种情况下,新媒体和传统阅读推广活动形式也将更容易互相借力发挥各自的优势。

南京信息工程大学图书馆为纪念中国人民抗日战争暨世界反法西斯战争70周年,开展了"勿忘国耻,以史为鉴,面向未来,振兴中华"主题的阅读推广活动,对图书馆LED大屏进行利用,举办了纪念中国人民抗日战争暨反法西斯战争胜利70周年的图书、图片展。除此之外,还举办了"勿忘历史,重读经典"的经典书籍展示会,利用有关资料,准备了三百余道竞赛题,通过网络答题的方式与读者互动,读者也受到吸引,纷纷参与活动,最终收获理想的活动成效[①]。

从高校图书馆阅读推广发展趋势出发,不难看出,"图书馆总体策划牵头"的这一角色定位将越发明确,也可能实现进一步转变。同时,在阅读推广活动中,读者的主观能动性也将得到更多发挥,尤其是大学生读者,其对活动进行参与的积极性、创造性将进一步提升。对于大学生来说,他们更乐于利用个性化强、互动性强的新媒体开展活动。

吉林大学图书馆就充分调动学生参与活动、开展活动的主动性、积极性,创建了"白桦书声"校园朗读分享平台,让学生从被动转为主动,从参与者变为组织者、策划者,依托新媒体开展阅读推广活动。

---

① 周莲云.新媒体环境下图书馆阅读推广策略研究[J].晋图学刊,2016(1):40-42.

# 参 考 文 献

［1］王波．阅读疗法［M］．北京：海洋出版社，2014．

［2］高玉洁，王景文，廉立军．"双一流"背景下高校图书馆阅读推广服务研究［M］．北京：北京工业大学出版社，2019．

［3］王景文，马红亚，刘盈．"一网一刊二微"融合构建阅读疗法宣传新格局：华北理工大学图书馆阅读疗法宣传推广的多维探索［J］．山东图书馆学刊，2022（3）：104-109．

［4］王景文，刘洋，李杏丽．阅读疗愈师的职业属性、工作模式与专业胜任力研究：基于《阅读疗愈师》的评鉴与思考［J］．国家图书馆学刊，2022，31（3）：51-61．

［5］王景文，张丽丽，王艳，等．角色理论视域下高校阅读疗法师角色研究［J］．图书馆工作与研究，2022（4）：5-12．

［6］王景文．我国高校图书馆阅读疗法实践现状调查分析［J］．国家图书馆学刊，2021，30（5）：75-82．

［7］王景文，刘洋，王若楠，等．基于自媒体的基层卫生健康阅读疗法服务研究［J］．科技与创新，2021（9）：108-109．

［8］王景文．突发事件下高校图书馆阅读疗法应急服务实证研究：基于对湖北省高校图书馆"世界读书日"期间"阅读战疫"活动的调查［J］．图书馆工作与研究，2021（2）：5-14．

［9］王景文．突发公共卫生事件下的图书馆阅读疗法应急服务研究：基于后疫情时期大学生心理问题的阅读疗法需求与应用调查［J］．大学图书馆学报，2020，38（6）：28-36．

［10］王景文，马晓，张梅，等．阅读疗法实施的基本流程及其解读［J］．华北理工大学学报（社会科学版），2017，17（5）：73-77．

［11］王景文，张丽娜，李东．图书馆阅读疗法档案工作探究［J］．图书馆工作与研究，2017（4）：47-52．

[12] 王景文,李东,黄晓鹂.我国高等医学院校阅读疗法课程建设的探索与实践[J].中国高等医学教育,2017(4):9-10.

[13] 王景文,郭向飞,李东.我国阅读疗法发展的困境与消解[J].图书馆,2017(3):96-100.

[14] 王景文,刘华,黄晓鹂,等.打造阅读疗法的宣传阵地:以《阅读疗法通讯》的编辑为例[J].华北理工大学学报(社会科学版),2017,17(1):66-69,72.

[15] 王景文,苏丽亭,李立东.阅读疗法基地的概念研究及理论维度[J].图书馆学刊,2016,38(11):1-3.

[16] 王景文,张弘引,李杏丽,等.试论我国"阅读疗法学"的学科建立:基于学科成立基本条件的视角[J].图书馆,2016(12):12-16.

[17] 王景文.撑起大学生心灵的绿荫:华北理工大学阅读疗法基地建设的多维探索[J].图书馆,2016(5):102-108.

[18] 王景文,马红亚,高玉洁,等.基于文献计量的国外阅读疗法研究力量分布研究[J].图书馆工作与研究,2016(4):62-68.

[19] 王景文,高玉洁,许静,等.我国阅读疗法实证研究发展现状与未来走向的深度分析[J].图书馆,2016(3):60-66.

[20] 王景文,张丽丽,杨红.积极心理健康教育视域下阅读疗法推广模式实证研究[J].图书馆工作与研究,2015(8):104-108.

[21] 王景文.基于网站调查的我国网络阅读疗法平台构建探究[J].山东图书馆学刊,2015(3):65-68.

[22] 王景文,高玉洁,李东.和谐河北视角下阅读疗法应用模式的构建[J].河北联合大学学报(社会科学版),2015,15(3):73-76.

[23] 王景文,黄晓鹂,唐品,等.我国阅读疗法书目研究与实践进展评述:基于文献分析与书目建设的视角[J].图书馆杂志,2015,34(4):46-51.

[24] 王景文,吴智茹,唐品,等.阅读疗法档案的建立与管理探索[J].大学图书情报学刊,2015,33(2):71-73.

[25] 王景文.河北联合大学《大学生心理问题阅读疗法推荐书目》编制实证研究[J].河北联合大学学报(社会科学版),2015,15(1):69-72.

[26] 王景文,李杏丽,廖志江,等.我国网络阅读疗法实践进展评述:基于网

络阅读疗法平台的调查分析[J].图书馆工作与研究，2014（12）：121-125.

[27] 王景文.基于SPSS知识地图的国外阅读疗法研究热点探析[J].图书馆研究，2014，44（2）：124-128.

[28] 王景文，黄晓鹏.基于校园网的大学生阅读疗法服务平台资源建设研究[J].图书馆学刊，2012，34（11）：35-36.

[29] 高玉洁.基于微媒体环境下的高校阅读生态化推广研究[J].环境工程，2022，40（4）：288.

[30] 高玉洁，王景文，郑磊.基于微信的高校图书馆阅读推广现状研究：以河北省13所骨干高校图书馆为例[J].河南图书馆学刊，2019，39（10）：46-48.

[31] 高玉洁，郑磊.我国数字阅读模式研究论文增长规律与研究热点探析[J].华北理工大学学报（社会科学版），2019，19（3）：41-46.

[32] 高玉洁，唐品.我国高校图书馆微媒体阅读推广研究论文的文献计量学分析[J].图书馆研究，2018，48（6）：123-128.

[33] 高玉洁，刘志国.大学新生适应不良测定及阅读疗法干预研究[J].内蒙古科技与经济，2015（9）：106-107.

[34] 杨富军.中学图书馆阅读推广方法探究[J].教育与装备研究，2021，37（12）：19-23.

[35] 吴仲平，刘冬，凌佳，等.少儿图书馆家庭阅读推广中的家长阅读探讨[J].图书馆研究与工作，2021（12）：32-36.

[36] 赵霞，张璐平.高校图书馆阅读推广服务体系构建研究[J].文化产业，2021（33）：100-102.

[37] 傅桂玉.高校图书馆多元阅读推广体系构建策略[J].图书馆学刊，2021，43（11）：66-69.

[38] 官建玲.新媒体在图书馆阅读推广服务中的应用[J].兰台内外，2021（33）：74-76.

[39] 刘美君，陈瑞祥，袁江，等.数字阅读背景下高校阅读推广人队伍建设研究[J].边疆经济与文化，2021（11）：98-100.

[40] 朱穆君.基于阅读情况分析的阅读推广策略[J].中国现代教育装备，2021（20）：45-47.

［41］张怡.全民阅读地方立法保障研究［D］.兰州：西北师范大学，2021.

［42］朱玉梅.真人图书馆阅读推广模式的调查与研究［D］.上海：上海师范大学，2021.

［43］尹伟宏.智慧图书馆背景下大学图书馆阅读推广转型研究［D］.重庆：重庆大学，2021.

［44］庞晓丹.福州大学城高校图书馆经典阅读推广研究［D］.福州：福建师范大学，2020.

［45］陈芊颖.高校图书馆阅读推广微信小程序功能设计与研究［D］.天津：南开大学，2020.

［46］高玉洁,王景文.培养阅读能力 建设书香大学［N］.中国教育报（理论版），2021-04-22（7）.